滄海叢刊

文化哲學講錄

(四)

鄔昆如 著

1986

東大圖書公司印行

行政院新聞局登記證局版臺業字第〇一九七號

中華民國七十五年二月初版

© 文化哲學講錄（四）

基本定價叁元叁角叁分

著作者 鄔昆如
發行人 劉仲文
出版者 東大圖書股份有限公司
總經銷 三民書局股份有限公司
印刷所 東大圖書股份有限公司
臺北市重慶南路一段六十一號二樓
郵撥：〇一〇七一七五—〇號

文化哲學講錄(四)
編號 E 10004
東大圖書公司

文化哲學講錄(四) 目次

中國政治哲學

緒論

「政是衆人之事，治是管理；管理衆人之事就是政治。」[1]

「考察宇宙現象方法有兩種：一種用觀察，即科學；一種用判斷，即哲學。」[2]

因此，凡是用判斷來研究管理衆人之事的學問，也就成了政治哲學。

如果用哲學的一般定義，認爲凡是研究宇宙和人生的根本問題，而謀求種種可能的解答的學

[1] 民權主義第一講，國父全集第一册第六五頁。

[2] 同上第六七頁。

問就是哲學的話，則政治哲學所要探討的內容，也就要加上「根本」的因素，不但「看見」或「觀察」政治現象，而且要用「判斷」來透視這些現象背後的本質。

中國政治哲學的這門功課，因此也就界定了其研究的方法：首先，我們站在課題之外，以歷史透視的眼光，來看看中國五千年文化中，古聖先賢如何管理衆人之事，其間有那些重要的變遷，又有那些亙古不變的原則。再來就是進入中國政治哲學的內在涵義中，看看中國政治思想的原理原則。最後，仍然回到自身當代的立場，指出政治哲學在當代的意義。

按照這種做學問的三步驟：我們設計了這課程的進程：首先，我們探討中國政治哲學「史的發展」；我們從古聖先王開始，以當時的開創文化的王道、德治、仁政的內涵，作爲中國政治的價值取向，並以之透視歷史發展中的興衰治亂；更以之作爲催生哲學的契機，而反省和探討各種政治制度的得失。隨後，我們以指導原則以及實踐原則的標題，來涵蓋中國政治哲學的「內在涵義」，使中國政治哲學的民本精神，以及服務的人生觀能夠展現出來。最後，我們綜合了歷史發展和內在涵義，來指引出其「當代意義」。

我們這就開始進入主題。

壹、中國政治哲學「史的發展」

一、原始政治文化的興起和發展

在中國原始經典的記載中，對宇宙起源以及人類起源的問題，總是配合着社會發展的原理，把伏羲、神農、有巢、燧人等名字提出來，開展出「服務的人生觀」的意義。這些名字不一定指出某人，而是指謂某事，亦卽在原始社會中，聰明才智高的人，意識到自身的本事，同時亦覺察到自身的責任，因而利用自己的天份，替衆人服務。

中國原始的人際關係思想，在人文化成之初，就已經步入了仁愛互助的領域，而在「管理衆人之事」的政治上，以羣衆的福利爲本。而在原始社會中，「求生存」又是先民的頭等大事，於是才有「德惟善政、政在養民」❸，以及「正德、利用、厚生」❹等原理的提出。

尤其在中華民族發源地的黃河流域，因爲黃河的特性是時常改道，而迫使當地百姓時刻醒悟警惕，因而造就了中國人勤奮的天性。

也就是這種「爲政者」的服務人生觀，以及百姓的辛勤天性的配合，而締造了中國早期社會的標準型態：從黃帝建國起，經唐、虞、夏、商、周等朝代，都創造了風調雨順、國泰民安的社會。

❸ 書經大禹謨。
❹ 同上。

二、原始政治文化的沒落

當然，周朝的大一統的政治體系，以及其王道、德治、仁政的內涵，的確是政治的典範。可是，這段好日子並不太久，隨着來的，就是春秋戰國時代。

春秋時代的沒落，原因就是那些聰明才智比較高的人，不再出來替別人服務，而是反過來，利用自己的聰明來欺侮別人，來追求功名利祿，來爭權奪利：用大吃小，強欺弱的原則，把原來風調雨順、國泰民安的社會，搞成了兵荒馬亂、民不聊生的亂世。

周朝的大一統，已經被諸侯割裂，正是「世衰道微，邪說暴行有作；臣弒其君者有之，子弒其父者有之」❺的情況。

三、哲學是文化的醫生

也就在周朝的大一統被割裂，以及服務的人生觀衰微的時候，另一些聰明才智高，同時又有善良的心的志士，挺身而出，指點迷津，提出化解之道。

在春秋時代有孔子和老子。

在戰國時代有繼承孔子的儒家，有繼承老子的道家，還有從儒家沒落的法家，從道家沒落的

❺ 孟子滕文公下。

原始道教。

孔子和老子分工合作，把人生的縱橫二座標，照顧完善。老子注重一個人生存在天和地之間，如何頂天立地的課題。老子以爲，社會之所以亂，政治之所以衰，都是因爲人的慾望太多，追求功名利祿的心太重；於是提出「無爲」，叫人不要貪圖功名，不要追求財富，如此而提昇自己的思想，完成自己的人格。孔子所關心的，則是一個人生活在人與人之間，如何做人的問題。他以爲社會之所以亂，那是因爲名份不正，如果名份正了，人際關係也就會正常化，社會也就有秩序了。

孔子心目中的社會，是一個大家庭式的，各人互相親愛，互相幫助，各盡所能，各取所需的；這些景象，都濃縮在禮記禮運篇中。

老子生怕人際關係會誤導社會越來越亂，因而特別着重個人心性的修養，而在具體社會中，主張小國寡民的社會❻。

可是，不幸的，孔子周遊列國，遊說諸侯放棄征戰，而行仁政，結果沒有成功；老子在管理圖書，記載歷史，再也無法忍受。於是老子出關西去，不知所終；而孔子則以「知其不可爲而爲之」的精神，回魯國召徒佈道，執起教鞭來了。

春秋過後是戰國。戰國比春秋更亂。

❻ 道德經八十章。

孟子繼承了孔子遺志，發展了儒家思想。

莊子繼承了老子遺志，發展了道家思想。

孟子的「民為貴，社稷次之，君為輕」❼的思想，更展示了民本精神，而指出政治的終極關懷是老百姓。孟子的性善說，從四端的辨證，開展了人際關係善意的基礎，而在實踐上，發展出仁政、德治、王道的實踐動機。這性善的架構上，建立了縱的「敬天、親親、仁民、愛物」的連貫體系。其形而上的「天命」，承傳了孔子，以及孔子以前的堯、舜、禹、湯、文、武、周公的學說，是「天道福善禍淫」❽的，是「天道無親，常與善人」❾的。由於天命的「善」，導引出人性的「善」，再導引出政治體制的治道的「德治」。

莊子繼承了老子的「無為」以及「小國寡民」的思想，設計「至德之世」❿，把人心受物質束縛的危機解除，而化作「天地與我並生，萬物與我為一」⓫的心靈境界。在釣於濮水⓬的故事敍述中，展示了消極的參與政治的意念，而終於結論出：「天下有道，聖人成焉；天下無道，聖

❼ 孟子盡心下。
❽ 書經湯誥。
❾ 道德經七十九章。
❿ 莊子馬蹄篇。
⓫ 莊子齊物論。
⓬ 莊子秋水篇。

人生焉」⓭的觀點。

孟子的性善說，顯然地有鼓勵的性格，希望人們能由於善性，而發揮出仁愛的行爲，而落實到王道的政治體制中；但是，孟子仍然無法挽救當時的危機。及至下一代的荀子，一方面由於對孟子鼓勵的方法，採取不信任的態度，他方面又對「天道」起了疑心。荀子的天從義理走向了自然；在這自然之天內，再也找不到善行善性的基礎；而在現實社會中，又是那末多的惡事產生。於是，荀子的創生性惡說，是有其哲學思考上的邏輯結構的。

由於性惡，德治的理想是無法施展的，於是，禮治的想法就取而代之。再發展下去，就是荀子二位學生：韓非與李斯的法治設計了。

如果說，道家政治理想是「小國寡民」的話，則法家就要「大國人衆」，作爲政治的指標。這「大國人衆」的政治思想，果然由秦始皇實現了。

四、大一統與德治

中國古代分裂的局面，經過合縱連横的政策規則，終於使秦始皇統一了六國，而奠立了今後中國大一統的藍圖。

表面上看，秦朝是承傳了夏商周的大一統，應該滿足孔孟荀儒家的心願。但是，這統一的形

⓭ 莊子人間世。

式是需要更重要的內容的，那就是德治、王道、仁政。而後者正是秦暴政所缺乏的。

秦朝的短暫，絕非其大一統的原故，而是違反了「民本」的精神，用了「國富兵強」的優位，忽視了民生樂利。

隨着而來的漢朝，毫無疑問地，首先要考慮的，一方面是「民生樂利」，另一方面則是「長治久安」。前者的方案是「罷黜百家，獨尊儒術」；後者的方案則成了「帝王將相之術」。尊儒的德治、王道、仁政，當然奠定了政治的基礎；但是，帝王將相之術所導引出的，則是把「賢」與「能」的政治繼承，轉換成了「血統」。這也就奠定了中國今後數千年的專制政體，其效果是：賢與能的帝王締造了風調雨順，國泰民安的世界；但是，一位賢而無能的君主，總會受制於宦官，而造成民不聊生的情況；甚至，一位有能但不賢的君王，成爲暴君，而魚肉百姓。在「帝王將相之術」中，固然有「長治久安」的效果，也可有不良的副作用。

五、煉丹、畫符、算命、看風水

漢以後的政治是昇平的，但是，政治哲學卻由於失去了「文化醫生」的功能，而逐漸衰微。從荀子死了之後，最少有六個世紀的期間，中國並沒有第一流的哲學著作出現，勉強可一提的，就是王弼註老子，以及何晏的論語集解，但是，二者都祇是注解前人作品而已。

哲學沒落的另一因，就是從秦始皇就開始的追求長生不老藥，後來成爲盛極一時的煉丹，乃至於迫使道家沒落成道教。列子的神仙，抱朴子的丹藥，都開始對從政不感興趣，而把注意力集中在養生之上。

迷信的風氣亦從這裏開始，算命、看風水的哲學基礎無它，即是誤解了「自天子以至於庶人，壹是皆以修身爲本」⓮的原理。

六、佛學東來

佛教原本是出家的，豈不違反了孔子的「父母在，不遠遊」⓯？豈不違反了孟子的「不孝有三，無後爲大」⓰？中國儒、道在對佛教外來文化，展現了非常的寬容以及度量，原因就是，佛教的三度時間學說：前生前世、今生今世、來生來世，指出了輪迴報應的原理，而終結到提出了修身的動機。這麼一來，從秦就開始的煉丹，到後漢的畫符、算命、看風水，都是忽略修身，而今佛教的教義恰好可以補足文化的沒落。

因此，我們可以看出：文化沒落，道德可以拯救；道德沒落，宗教可以拯救。

隋唐盛世的開展，佛教的宗教情操貢獻最大；當然，儒道二家的寬容精神、開放態度，也是

⓮ 禮記大學篇。
⓯ 論語里仁。
⓰ 孟子離婁上。

主要原因。

七、不健全的民族意識

宋明諸子從表層看，富有民族意識，打着「回歸先秦儒」的旗幟，設法透過佛教，而回到本土文化根源去。可是，如果我們認清先秦儒的哲學思想，無論其動機、起源、內涵，都是政治社會取向的，都離不開修、齊、治、平的，再來看宋明儒的學說以及行爲，也許就會覺得，並不是「民族意識」優位的。當然，在另一方面，也許正因爲宋明諸子統合了儒、道、佛三家，而連帶地受了道家的「小國寡民」以及佛家的「出世」觀感，而在政治關懷中，落入前所未有的誤導中。可不是嗎？重文輕武的政策，尤其是藩鎭大權的旁落，竟使宋亡於元；後來，又使明亡於清，這都是「民族意識」所催生出來的笑話。

孔孟不但內心關懷社會，而且亦鼓勵弟子出來，爲衆人服務。宋明諸子固然對心性的研究，有特殊的貢獻，但是對政治哲學所持有的消極態度，卻是乏善可陳的。

民族意識至少要在行動上，保障民族獨立之權，或是在理念上，鞏固民族文化包容並蓄的精神，而不是重在排外的心態，以及權益的爭取上。

八、外族統治

宋亡於元，明亡於清，都是由於處理「民族文化」的不當所引起。在清朝，統治階級把握了知識份子「不參政」的心態，以及對功名利祿的追求，是很順利地掌權了幾個世紀。

可是，清的天下由於是與西洋接觸的時代，而西洋文化的入侵中國，又不像佛教的和平手段；西風東漸的情形，直接影響到士大夫對國事的關心。

清代的哲學思想，開始放棄宋明純理論性的探討，而再度開始關心管理衆人之事。如何把西洋的「船堅礮利」方法引進中國，如何使中國強盛起來，不致遭到滅亡的厄運，都是當時士大夫憂患意識的對象。

士大夫關心國事，而且設法提出化解之道。

在對政治的情況中，無論是探討傳統政治的黃宗羲、顧炎武、王夫之、戴震，或是主張改革的曾國藩、康有爲、梁啓超、譚嗣同等人，其實都提供了某方面的政治哲學構想。

九、民國政治

在所有的改革理論中，最有理論體系，且又有足够的實踐方案的，是 國父孫中山先生。後者綜合了中華道統的王道、德治、仁政的內涵，攝取了西洋政治的民主和法治的形式，終於建立了三民主義的思想體系，同時也推翻了滿清，建立了民國。

不幸的是，革命剛一成功，就又陷入軍閥割據的局面，後來北伐成功了，中國統一了，日本又發動侵略戰爭，在　蔣委員長領導抗日的歲月中，共匪又乘機叛亂。於是，在沒有喘息的機會下，三民主義在大陸沒有推行；而是在政府播遷來臺之後，生聚教訓，實踐了三民主義，而建設臺、澎、金、馬爲三民主義模範省。

國父孫中山先生的政治架構，除了上面提及的民主法治的形式，以及德治、王道、仁政的民本內涵之外，其進行步驟亦是完備的，那就是先從漢民族主義開始，繼而實現五族共和的中華民族主義，再來就是東方王道文化的大亞洲主義，最後到達政治目標的「世界大同」。

用更濃縮的方式來講，就是從「以建民國」，到「以進大同」。在另外一個觀點上看，則是從軍政到訓政到憲政的進程，或是從傳統的據亂世、昇平世、太平世的漸進體系。

民國的政治問題，根本上還停留在「以建民國」的目標中，原因就是共產政權盤據了大陸神州。共產主義一天不消滅，中國就無法統一，中國不統一，以建民國的任務就沒有完成。

從黃帝建國起，一直到滿清王朝，中國幾千年的政治制度，都是君主制，　國父孫中山先生領導推翻滿清，建立民國後，中國才採取了民主共和國的政制。但是，政制雖改，道統卻仍然是一脈相承的，那就是德治、王道、仁政，以民爲本的政治精神不變。

貳、中國政治哲學「內在涵義」

從上面非常濃縮的「史的發展」中，我們看淸了兩樣事實：一樣是文化沒落，哲學產生，也卽是說：哲學是文化的醫生。在這種體認下，我們可以說，中國政治發展中，亂世之時，就有許多聖賢挺身而出，指點迷津，提出化解之道。這是主體文化自救之道。另一樣則是：自身文化沒落，而本身又無法產生救援時，就必須藉外來的力量，消融外來的文化，來作自救的工作。在這裏，很顯然的就是儒、道所接受的印度佛教，以及　國父孫中山先生所採用的西洋文化精華。

因此，在探討中國政治哲學的內在涵義時，先要界定的是：先秦時代自創文化所提供的學說，固然是內涵；後漢之後接受佛教的東西，形成儒、道、釋合流的原因，亦是中國政治哲學的內涵；甚至到了當代，當民主法治的形式貫穿到中華民國各層面時，亦是內涵，亦是屬於中國政治哲學的。

綜合以上的考量，我們可以分兩個面向來看中國政治哲學的豐富內涵：

一、指導原則

首先就文化歷史來看，政治社會的究極意義是什麼？它導向着什麼東西作目標？世界歷史中，最偉大的思想家，都有這種觀瞻：像孔子的太平世，柏拉圖的理想國，耶穌的地上天國，佛陀的極樂世界等，都指出歷史發展的最終目標的景象，是完美的，是幸福的，沒有煩惱，沒有痛苦的。

人同此心、心同此理的想法，在哲學架構上，總以之作爲「人性」的特質，而「人性」之上，再在「天理」之中，去尋找更根本的基礎。

禮記禮運篇的描寫，也就是這天理和人性的濃縮，而成爲政治社會的指導原則：

「大道之行也，天下爲公；選賢與能，講信修睦。故人不獨親其親，不獨子其子；使老有所終，壯有所用，幼有所長，矜寡孤獨廢疾者，皆有所養；男有分，女有歸，貨惡其棄於地也，不必藏於己；力惡其不出於身也，不必爲己。是故謀閉而不興，盜竊亂賊而不作，故外戶而不閉，是謂大同。」⑰

這顯然的是「世界主義」的描寫，是超越國家界，超越民族界，祇是站在「人性」的立場，替全體人類解決問題，爲全人類服務的一種社會。

禮運篇的描寫，一方面是歷史發展的終極，是已經「止於至善」的描繪；另一方面是社會的建構藍圖，是完美社會的理想。集合了縱的歷史發展，以及橫截面的社會描述，也就是中國政治哲學的指導原則。

當然，禮記禮運篇的描寫太濃縮了，需要有相當多的注解，才能瞭解，才能夠闡明它的意義：

---

⑰ 禮記禮運篇。

㈠道：大道之行是指道的運作：是「天行健，君子以自強不息」⑱的天道和人道：天道是規範，而人道則要遵循着去實踐。「天道」「天命」原是中國哲學的思想基礎，沒有天道，人道就無法運作了。中庸的「天命之謂性，率性之謂道，修道之謂教」⑲，也就是這個意思。在政治意義上，天道、君道、人道原是一系列相通的；所有的王道、德治、仁政，都淵源於對天道的體認。

㈡公：大道之行也，天下爲公。這是道的運作，呈現出來的第一特性，就是公，是大公無私的，是要破除所有「私」的。「公」又有那些特性呢？這又要看下面的注解：

㈢賢能政府：選賢與能。賢的意義是豐饒的心靈，能的意思是頭腦很聰明，辦事能力很強。二者相加，也就成了：聰明才智高的人要爲那些聰明才智低的人服務；並非表示，能力越大，權力就越多，而是要把「權」和「能」分開來，像　國父就指出「政府有能，人民有權」⑳；這也就是「權能區分理論」。

㈣信睦：講信修睦。人與人之間的交往，講求信用；人與人相處，講求和睦。這就是道德的人際關係，做到言而有信，以及敦親睦鄰，來締造安和樂利的社會。

---

⑱ 易經乾卦。

⑲ 禮記中庸篇。

⑳ 民權主義第六講，國父全集第一册第一四九頁。

(五)由親及疏：做到「老吾老以及人之老，幼吾幼以及人之幼」，這顯然是突破了家族界的藩籬，而行着博愛的工作了。

(六)仁愛互助：老有所終，壯有所用，矜寡孤獨廢疾者，皆有所養。這是人際關係正常化之後，社會中各式人等，都各盡所能，各取所需；亦卽是人天生來不平等，而政治制度使之平等。

(七)男有分，女有歸：分工合作的描寫，也是正名的一部份。家庭之和諧幸福，也就在於男女各守份位上，不但做着傳宗接代的工作，而且做到齊家的理想。

(八)人盡其才，物盡其用，貨暢其流：貨惡其棄於地也，不必藏於己；力惡其不出於身也，不必爲己：這也就是逐漸超乎私有財產制度，使全體人類相互間過得好像一家人一樣。

(九)路不拾遺，夜不閉戶：是故謀閉而不興，盜竊亂賊而不作，故外戶而不閉。人人都有公德，社會治安良好，這就是一個「大同」社會的描寫。

當然，這種理想的社會，雖然人同此心、心同此理地去追求，去嚮往，它還是過於理想的，它需要有具體可行的方案。

二、實踐原則

指導原則的認同，在中國政治哲學發展史中，沒有什麼特別的異議，就連以民主法治的方法所要抵達的政治目標也如此。就如　國父孫中山先生的進化理論，到第三期的人類進化時期，其最終目的仍然是「孔子所謂『大道之行，天下爲公』，耶穌所謂『爾旨得成，在地若天。』」㉑

有異議的，也就是在「如何達到這種大同世界」的問題上。換句話說，就是實踐方案的課題。

首先是政治性的實踐原則，那是用「治」和「亂」作爲批判準則的，即是從「據亂世」到「昇平世」再到「太平世」的漸進運作。

再來就是禮記大學篇的從「修身」到「齊家」到「治國」再到「平天下」的漸進方案。

㈠據亂世、昇平世、太平世：在政治的運作上，先要認清亂世的原因，然後對症下藥，消除亂源，像孔子提出的「正名」，老子的「無爲」，柏拉圖的「正義」，耶穌的「博愛」，都是濃縮出當時痛苦亂世對症下藥之道。

孟子說得很清楚：「世衰道微，邪說暴行有作，臣弒其君者有之，子弒其父者有之。」㉒世衰道微一方面有命運無可奈何的指陳，另一方面則亦認爲人的努力可以改善一切。因爲「孔子作春秋，亂臣賊子懼」㉓。

㉑ 孫文學說第四章，國父全集第一冊第四五五頁。

㉒ 孟子滕文公下。

㉓ 同上。

智者的指點迷津，還是可以遏止惡行和亂世的。

撥亂返治，從亂世的去除，到垂衣裳而天下治，或是從兵荒馬亂、民不聊生的亂世，變成風調雨順、國泰民安的安和樂利社會。這亦是原則性的提示。

㈡修、齊、治、平：政治運作，需要全民的配合，而全民的配合，首要的又是從個人做起，次及家庭，再及國家，最後到全世界。在中國政治哲學道德取向的研究中，這漸進原則的每一階段都是積極性的，建設性的。爲了平天下，一定先要治國；爲了要治國，一定先要齊家；爲了齊家，一定先要修身。中國道德傳統不相信：小人或是作奸犯科的人可以組成美滿的家庭；亦不認同：破碎的家庭可以組成大治的國家；更不相信：世界上國家都很亂，而全世界却是太平世。

從最基本的個人修身開始，然後開始參與羣體生活，而成家，隸屬於家族、民族、國家、社會；但在政治社會的終極目標下，是要突破國家界、民族界，而進入世界主義，即世界大同。

叁、中國政治哲學「當代意義」

也就在指導原則以及實踐原則的探討之後，我們窺探出「天下爲公，世界大同」的「太平世」是中國政治社會的終極目標；而道德性的漸進原則，就是從修身到齊家到治國到平天下。

如此，中國文化在政治社會的責任上，最終的目標是要領導世界、領導人類，走向安和樂利的社會。這是不變的原則，無論如何都無法改變的指導原則。

但是，爲了要達到太平世的總目標，需要實踐的方案，而且是一步步地邁向總目標的方案。太平世的最接近的一步是治國，國治以後才天下平。可是，目前的中國正處在亂世時期，由於共產主義的作亂，其赤化世界的慾望，竟全部違反了修、齊、治、平的漸進原則。共產主義拋棄了中華道統的仁愛互助，而接受了馬列的仇恨鬥爭思想；以爲一個人不必講修身，不要傳統的道德，完全放棄個人的尊嚴和價值，完全放棄自身的存在，而信賴馬列教條。這種不走修身的路線，再進一步，要破壞家庭，乃至於破壞民族、國家，以爲這樣就可以達到人民的天堂的共產社會。

從 國父孫中山先生指出的「以建民國」，到「以進大同」的路線看來，「以建民國」是首要的目標。也就因此，中國政治哲學的當代意義，也就是如何消滅共產主義，如何把臺、澎、金、馬的建設成果，帶回大陸，亦即是說，以三民主義統一中國。

一、共產主義的浩劫

中國歷史文化的承傳，在政治體制以及道統上，雖然有不少的變化，但是，基本原則，尤其是政治精神的德治、王道、仁政，總是亙古不變的，而其導引出來的成果：風調雨順、國泰民安的安和樂利社會的嚮往，也是不變的。政治流變的各種撥亂返治的原則，亦都依循這些原理來調整、來抵制。

但是，共產主義之進入中國，則完全拋棄了這些道統的精華，不但在實踐上造成前所未有的動亂，而且在理論基礎上，根本違反了傳統精神。

共產政權在中國造成的亂世，至少有下列幾點浩劫：

(一)人性的破壞：人性本來有向善向惡的二大特性，中國傳統的教民思想，都是設法隱惡揚善，教民在人際關係中，走仁愛互助的路子，而做到敬天、親親、仁民、愛物的人生觀。但是，共產主義宣揚仇恨，領導鬥爭，迷信馬列教條，以爲由恨和爭之中，可以導致發展和進步。這樣，億萬同胞在被驅着參加鬥爭大會，參與批鬥運動；而窮苦的老百姓亦跟隨共產黨，不再走「勤儉致富」的傳統智慧路線，反而以爲去鬥爭地主，搶奪有錢人的財產，瓜分富農的土地，自己就可以致富了。這種心性的破壞，顯然地就消去了傳統勤儉的美德，而助長了懶惰、貪心等毛病。中國大陸人民不再努力工作，而專門用心計去鬥爭、去搶奪，這的確是人力的最大浪費。

(二)隨着人性的破壞而來的，就是道德的沒落。因爲要鼓動人們去鬥爭，傳統的道德因此亦就必須首先受到揚棄；共產主義把中國貧窮落後的責任，完全歸到傳統文化，以及他們所要批鬥的對象上；而振振有詞地要主張反對傳統道德。

由人性的沒落到道德的沒落，直接影響下來的，就是社會的動亂：人際關係的不斷惡化，人與人之間沒有了互助、互愛、互信，而反過來，只有互相陷害、猜疑、提防。這樣的社會恰好就是禮記禮運篇所描述的反面。

㈢文化的摧殘：現實社會中，敗壞的人性有時會彰顯，社會的動亂難免也會發生，但是，政治社會的領導者就應該本着良知，設法撥亂反正。相反，共產主義的學說竟然在這裏鼓吹「亂」，以馬列邪說作爲信仰，根本違反着傳統人文精神，違反天理、違反人道。這種顚倒是非黑白的作法和想法，也就使中國政治陷入於萬劫不復的境地。原因無它，把西洋文化末流視爲至寶，而又忽視了中華文化道統所致。

這麼看來，中國的「以建民國」的本身，由於共產主義的破壞，仍然需要整頓，對傳統以及當代加以反省、檢討，然後才談得上撥亂反正，談得上治國的課題。

二、三民主義統一中國

大陸共產政權倒行逆施，利用世界政治的短視以及姑息逆流，竟然提出所謂「解放臺灣」來作統一中國的打算，以爲用這種「治國」，就可以走向共產主義社會的世界。同樣的臺、澎、金、馬勵精圖治的國民政府，也提出「以三民主義統一中國」的方案。

中國當代的政治問題，當然不是國民政府與共產政權之間的問題，更不是二個政治權力之爭的問題，而是天理與人道的課題，同時根本上是中國人，以及中國文化的課題。

於是，三民主義統一中國的提案，其基本的核心是思想，是理念；亦卽是說，先界定中國問題歸屬的問題，這歸屬的問題解決之後，其它的問題就比較好辦了。

三民主義的理念是：中國歸中國人，中國政治應由中國文化來決定。因此，這是華夷之辨、是非之辨的課題。國父從創立三民主義開始，其民族、民權、民生的內容探討，就界定了淵源上的中華傳統、西洋精華、自己創見的三分；同時界定了其本質的倫理、民主、科學的內涵。從這內容、淵源、本質來看，都符合着中國的民族性，落實到政治社會上時，就是民本精神的呈現，就是道統的德治、王道、仁政。在治國的課題上，臺、澎、金、馬的實際例子，不但在理論的深層，堅持着從「以建民國」走向「以進大同」的根本進程，而且在實際生活上，其民生樂利的表現的確締造了經濟奇蹟，而與大陸民窮財盡的落後景象，形成一強烈的對比。

(一)內容上：中國未來要走的路線，必須是先解決民生問題，然後依百姓的意願(民權問題)，來發展民族特色的文化體系。這也就是民族、民權、民生問題的濃縮。在這濃縮中，「民本」的精神發揮得最爲清楚；再來就是要達到民生樂利方案的各種具體措施。

(二)淵源上：中國的「以建民國」首要的就是承傳中國道統，否則就不能稱之爲中國了；但是，當這道統的理解需要時空的配合時，也就在發展過程中，得自外來吸取幫助，這也就是西洋的精華需要。但是，中華道統是什麼？西洋精華是什麼？有一點可以肯定的是：絕不是互相仇恨、互相鬥爭的馬列主義，而是反過來，是仁愛互助的，是民主法治的。

(三)本質上：要直接解決內容的民族、民權、民生的問題，也就有倫理、民主、科學的推廣和加深。民族倫理是我中華五千年來的傳統，是奠基在人際關係的倫常上，照孟子的說法，是敬天、親親、仁民、愛物的。民權方面依民主法治的政治體制來實踐，而放棄了專制和極權的作法；甚至，更進一步，發展了地方自治以及權能區分的理論和實際，科學發展，是解決民生問題，發展民生樂利的基本，也是三民主義本質上的一環。

結論

世界文化的發展，原有一定的歷史線索可尋。三千年前，地球表面出現了不少文化羣。它們各別的自身發展，形成了像埃及的物質文明，希伯來和印度的宗教文化，希臘的人本精神，中國的道德文化。

二千年前，這些文化羣開始交融，中國的儒、道接受了印度佛教；西洋的希伯來宗教消融了希臘、羅馬的文明。這二支經過交融後的文化，又一度地自身發展。中國的儒、道、釋合流，影響及傳播到整個亞洲地區，締造了亞洲文化。西方的希臘、羅馬、希伯來所造成的合流，傳播到整個歐洲、非洲、美洲，形成了西方文化。

今天中、西文化交流又一直在進行中。三民主義之用中華道統、西洋精華，也正是積極地做這種融通工作。難怪有人說：二十一世紀是中國人的世紀。我們有信心地說：二十一世紀是三民主義的世紀。

在進入三民主義世紀（當然指政治社會的最終目標：大同世界）之前，必須先做好「以建民國」的工作。這以建民國的工作也正是：積極上消滅共產主義，積極上以三民主義統一中國。

中國政治哲學在順天應人的原則下，從它的歷史發展，就展示了自身文化的獨創性與創新性，以及消融外來文化的開放性與主體性：又從它的內在涵義中獲得它的指導原則是世界主義的大同世界，它的實踐原則強調道德性的修、齊、治、平的漸進方案。在當代意義的探討中，指出共產主義藉西洋文化末流的叛亂，而堅信三民主義的政治體制，一方面可以消滅共產暴政，一方面可以完成從「以建民國」到「以進大同」的總目標。

國父孫中山先生的人生觀

引論

解題：一個人生存在天和地之間，生活在人與人之間，首先意識到的問題是：如何做人？這「如何做人」是人生哲學的課題，其最常見的答案是：生存在天和地之間，要頂天立地；生活在人與人之間，要出人頭地。這種「頂天立地」以及「出人頭地」的理想，也就促成人生觀在積極進取的動機下，落實到具體的生活中。

國父孫中山先生領導革命，推翻滿清，建立民國，把中國帶進「現代化」的設計中；其精神、其理想、其行為，都可濃縮到人生觀的哲學探討中，為成己與成人，都是值得效法的表率。其服務的人生觀，其互助的進化觀，其革命的人生觀，其天人合一、心物合一的哲學基礎，都是研究哲學、研究主義的學者，所不可忽視的重要課題。

尤其在今天，由於經濟生活水準的提高，社會生活的升級，人們很容易漂浮在物質享受，或是功名利祿的追求中，淡忘了 國父的原始精神，漸漸地以奪取代替服務，利己取代利他，重物質而輕精神；或者，無法調適理知與感情的步履，而放棄了原有的樂觀進取之心，反而代之以悲觀消極的作法。在此之際，更應重新研究和闡揚 國父的人生觀，來作爲時代的指導原則，在各種紛歧思想中，找出人生的意義和目的。

誠如先總統 蔣公說的：「一個人沒有確定的人生觀，臨到危險的時候，就難免於變節；臨到富貴貧賤轉變的時候，也難免於變節。」❶

釋名：人生觀也就是回答「如何做人」問題的理論體系。如何做人？或是，如何活一個有意義的人生？在主觀意識上，是設法完成自己的理想，而做到「我的理想」的一生；在客觀意義上，則是完成理想的自己，而做到「理想的我」的生命。

人生問題在落實到具體時，也就分爲生命、生活、生計、生存四大面向，如何處理這四大問題？對這些問題有什麼看法？也就構成人生觀的內涵。

在另一方面，人生哲學所要包容的，是人與天、人與人、人與物的關係，一個人如何在生命

---

❶ 革命哲學的重要，蔣總統集第一册，第五八四頁。

中敬天、仁民、愛物，來完成自己生命的意義，或是完滿自己生活的目的，也就是人生觀的課題。

因而，要確立人生觀，首先還是要界定「人」的意義，人的獨立性導引了獨善其身的「君子」，而人的羣體性則引導出兼善天下的「聖人」。「人」的定義，由現象觀察的「圓頂方趾」，變成理性推論的「萬物之靈」❷，再從「萬物之靈」推展到倫理道德之主體：「人類由動物之有知識、能互助者進化而成」。❸

而人生也就是「從生到死」的存在過程。在 國父心目中的人生，是進化的，由動物進化而成；而在人性形成之後，尚多少帶有獸性，而必須靠互助，努力來發展人性，乃致產生神性，來建立良好的社會，而這社會則是由互助的人性以及博愛的神性所促成，是天下爲公的，是地上天國的。❹

因此， 國父孫中山先生的人生觀，也就在於這進化、互助的原則下架構成體系。而這體系架構的基礎是人性；但是，人性却不是靜態的「萬物之靈」，而是進化的，由獸性到人性，再從

---

❷ 書經泰誓上：「惟人萬物之靈」。軍人精神教育：「依余所見，古人固已有言：『人爲萬物之靈』，然則萬物之靈，卽爲人之定義。」國父全集第二册，第四七九頁。

❸ 大光報年刊題詞，國父全集第四册，第一四二七頁。

❹ 參閱孫文學說第四章，國父全集第一册，第四五五頁。

人性到達神性的。❺

人性要發展到神性，這是在個別性的面向來看；在人的羣體性看時，則是社會的發展，那就是由荒蠻的社會進步到文明的社會，由弱肉強食、互相競爭的社會，發展到互助的社會；在這互助的社會中，聰明才智高的人，是要爲那些聰明才智低的人服務的。這就是服務的人生觀。❻有了互助和服務的人生觀之後，理想社會的遠景，也卽是中華道統的「天下爲公」，以及西洋精華的「地上天國」也就在望了。❼

我們這就分段進入本文的重心，探討　國父的人生觀。

壹、動態的人生

人生觀的實踐理論，奠基在宇宙論的指導原則上，依　國父孫中山先生的宇宙論學說看來，其出發點以及知識的次序都與其讀醫學有密切的關係。醫學中的生物學，從十九世紀的進化論發明以來，就進入了生物革命的階段，以爲由物到獸，由獸到人的進化方式，不但可以解釋人類的

❺ 國民以人格救國，國父全集第二册，第五四五頁。
❻ 參閱民權主義第三講，國父全集第一册，第一〇四——一〇五頁。
❼ 同註❹。

來源，而且可以作爲人類社會生活的指南。這也就是達爾文的進化學說所主張的：人由動物進化而成，而動物之所以能進化爲人類，則是由於「競爭」的原則：與環境競爭，與同類競爭，依照物競天擇、優勝劣敗的原理，而從比較低的物種進化到比較高的物種。

這物競天擇、自然淘汰的進化學說，顯然的是西洋競爭文化、覇道文化的成果，因而才有「觀察」出來的進化「事實」，以及「判斷」出來的「競爭」原則。本來，這進化的「競爭」原則無可厚非，但是，問題在於：宇宙進化的大項目下，如果進化的競爭成爲共同的、普遍的原則，則人類社會中的人際關係，通通都由這競爭的原則所涵蓋，這就不是把人性的仁愛、互助、服務等高尚品德都付諸腦後了？

因此，在科學的知識違反道德的理想時，在以人道爲本的文化體系內，總是設法找尋更高的層次，作爲出發點，來融通二者，來協調二者。 國父孫中山先生在學問的修爲上，一方面固然接受西洋科學的成果，但另一方面則固守中華道統的道德學說，因此而在進化的宇宙論中，有了突破性的發明，這發明在孫文學說中集大成。這集大成的方式和成果，一方面承認西洋科學在進化的宇宙論體系中的成果，即是：宇宙是進化的，人類亦由進化而成。但是，在涉及道德問題的進化原則，則從科學的層次跳躍出來，而走向道德的以及宗教的層面。在道德的層次中，說明了人類進化的獨特性，它不再依照從獸到人的進化原則的競爭，而是以互助代替競爭。互助的特性，尤其以服務性格的互助，以仁愛爲基礎的互助，無疑地是道德性的體認；這道德性的仁愛和互助，把人性從獸性中擺脫，而通向神性的目標。神性目標的抵達，是西洋基督宗教的成果，是「爾旨得成，在地若天」的地上天國的描寫。因此，國父的進化理論，目標是道德性及宗教性的。其道德性就是仁愛互助的德行，以及由之而開展的「大道之行也，天下爲公」，以及個人所成長的人性。

綜合了道德和宗教的精華，再配合科學的成果，才構成進化學說的全部。這樣，國父把進化分成三期：物質進化，物種進化，人類進化。事實上就是要把道德心和宗教心，都要與學問連結在一起，使其成爲宇宙眞象的探討和詮釋。

人類進化原則的互助，人性進化的個人目標的神性，羣體目標的太平世或地上天國，亦都在融通科學、道德和宗教，亦都在詮釋動態的宇宙和人生。

也就是在這動態的宇宙和人生的肯定中，建立了互助的進化觀，以及互助的人生觀。

這互助的進化觀以及互助的人生觀，說得最清楚的有下面二段引文：

「作者則以爲進化之時期有三：其一爲物質進化之時期，其二爲物種進化之時期，其三爲人類進化之時期。……人類初出之時，亦與禽獸無異，再經幾許萬年之進化，而始長成人性，而人類之進化，於是乎起源。此期之進化原則，則與物種之進化原則不同，物種以競爭爲原則，人類則以互助爲原則。社會國家者，互助之體也，道德仁義者，互助之用也。人類順此原則則昌，不

順此原則則亡，此原則行之於人類當已數十萬年矣。」❽

「由動物變到人類，至今還不甚久，所以人的本源便是動物，所賦的天性，便有多少動物性質。換一句話說，就是人本來是獸，所以帶有多少獸性，人性很少。我們要人類進步，是在造就高尚人格。要人類有高尚的人格，就在減少獸性，增多人性。沒有獸性，自然不至於作惡。完全是人性，自然道德高尚，道德既高尚，所做的事情，當然是向軌道而行，日日求進步，所謂「人爲萬物之靈』。……依進化的道理推測起來，人是由動物進化而成，既成人形，當從人形更進化而入於神聖。是故欲造成人格，必當消滅獸性，發生神性，那末，才算是人類進步到了極點。」❾

這種由動態的宇宙觀到動態的人生，所結論出來的進化、互助，都是在說明人類進化的原則。而人類進化，無論在「孫文學說」中，或是在「國民以人格救國」中，都在融通了個人個別性的進化，以及群體性的人類進化。

個人作爲獨立的存在體，其進化方式是：從物到獸，從獸到人，從人到神。而這三段式的進化本身，也就是物質進化、物種進化、人類進化的三階段。這三段式進化所依循的原理原則不是相同的：前二段是來自達爾文的進化學說，以競爭爲原則，而後段的人類進化則是依照道德原則

❽ 孫文學說第四章，國父全集第一冊，第四五五頁。

❾ 國民以人格救國，國父全集第二冊，第五四四——五四五頁。

的互助。

但是，「互助」的道德雖發自個人，但其對象則是他人，因而造成了人際關係的社會性格。「互助」是人與人之間的德目。這樣，人類社會的進化原則就先界定在互助，而互助的成果對個人的成己來說，就是從人性進入到神性，但在社會羣體來說，則是道德性社會的「大道之行也，天下爲公」，以及宗教性的「爾旨得成，在地若天」。由此，「互助」的原則，事實上是促成個人的完美，是「神性」的達成；同時又是羣體社會的完美，那是太平世與地上天國。

人類進化的目標，無論是個人的，或是羣體的，因而都在「互助」的德目中完成。互助的人生觀是 國父思想的根本。

貳、人際關係

在前面動態的人生探討中，刻劃了科學的進化的宇宙和人生，同時加入了道德和宗教的內容。這是原則性的指示；其結論出來的「互助」亦是指導原則。

如何用「互助」，以及爲什麼要「互助」，則是另外一個課題。這就要在人際關係的開展中去探討。

國父孫中山先生的「人際」最先要提出來的，就是理想中的「人人平等」，以及實際上的

「人人不平等」二種事實，作爲思考的入手。

原來，「人人平等」是政治社會的目標，西洋從文藝復興以來，極力地鼓吹這「平等」的信息，這原是追溯到希臘時期柏拉圖理想國「正義」概念所產生的理想，以及觀念論所提供的人的靈魂在觀念界的先存性；還有就是希伯來宗教傳入西洋形成中世基督宗教文化的靈魂本質，以之爲「上帝肖像」的學說，都在指陳人與人之間的「平等」。甚至，像主張極端民權的人，法國學者盧梭，竟以爲人是「天生而自由平等」的。⑩

國父却以爲「人」，天生來就不平等，其不平等的事實首先就在於家世地位不同，有帝、王、公、侯、伯、子、男、民八種不同等級的背景⑪；其次是人生來的天份不同，有聖、賢、才、智、平、庸、愚、劣八種不同等級的命運⑫。這都是天生不平等的明證。

在這裏， 國父大略地分成三種等差，那就是：

「世界人類其得之天賦者，約分三種：有先知先覺者，有後知後覺者，有不知不覺者。先知先覺者爲發明家，後知後覺者爲宣傳家，不知不覺者爲實行家」。⑬

---

⑩ 民權主義第一講，國父全集第一册，第七四頁。
⑪ 民權主義第三講，國父全集第一册，第九三頁。
⑫ 同上，第九四頁。
⑬ 同上，第一〇四頁。

從這種天生不平等現象的觀察，進而問及這現象的意義，來詮釋人際關係的「爲所當爲」的道德律令，以滿全政治社會的理想，便是 國父在政治哲學上的成就。他說：

「天之生人，雖有聰明才力之不平等，但人心則必欲使之平等，斯爲道德上之最高目的，而人類當努力進行者。但是要達到這個最高之道德目的，到底要怎麼樣做法呢？……要調和三種之人使之平等，則人人當以服務爲目的，而不以奪取爲目的。聰明才力愈大者，當盡其能力而服千萬人之務，造千萬人之福。聰明才力略小者，當盡其能力以服十百人之務，造十百人之福……至於全無聰明才力者，亦當盡一己之能力，以服一人之務，造一人之福。照這樣做去，雖天生人之聰明才力有不平等，而人之服務道德心發達，必可使之成爲平等了。」⓮

這就是服務的人生觀。這人生觀是世界思想的潮流。

「諸君是學者，是有知識階級，知道人類的道德觀念，現在進步到了什麼程度？古時極有聰明能幹的人，多是用他的聰明能力，去欺負無聰明能力的人，所以由此便造成專制和各種不平等的階級。現在文明進化的人類，覺悟起來，發生一種新道德。這種新道德，就是有聰明能力的人，應該要替衆人來服務。這種替衆人來服務的新道德，就是世界上道德的

⓮ 同註❻。

新潮流。」⑮

這「服務的人生觀」後來為先總統　蔣公所認同並發揚，提出：「要使我們總理所說『人生以服務為目的，不以奪取為目的』的遺訓，普遍深入於全國人心。……我們要認定：革命就是犧牲，犧牲就是服務……切實做到『服務即生活，生活為服務』」。⑯

人際關係也就由於人人生而不平等的意義，而提出了服務的人生觀，來「人定勝天」，來補天生的不足，來促使人人平等的理想可以實現。

由於人際關係的互助，而這互助是着眼於服務，使能力多的人，為能力少的人服務，這也就是「賢能政治」的表現，有能力的人就是「能」者，而能者却同時擁有好的心腸，肯為衆人服務，這也就是「賢」者。領袖者有了這好心腸的「賢」，又有強的能力的「能」，於是社會就有了賢能的政治，而使百姓安和樂利，社會也就一天天發展和進步。

國父說：「我們人類的天職，是應該做些什麼事呢？最重要的，就是要令人羣社會，天天進步。」⑰

這人類社會的天天進步，豈不就是銜接了人類社會進化的軌跡？其發展和進步到了最後，也

⑮ 世界道德之新潮流，國父全集第二冊，第六八七頁。

⑯ 革命與服務之要義，蔣總統集第一冊，第一〇五三頁。

⑰ 國民以人格救國，國父全集第二冊，第五四四頁。

就是羣體生活的最終目的。國父說：

「人類進化之目的爲何？卽孔子所謂『大道之行也，天下爲公』，耶穌所謂『爾旨得成，在地若天』，此人類所希望，化現在之痛苦世界，而爲極樂之天堂者是也。」⑱

羣體生活的完美，是道德的歸宿，卽是政治社會的太平世，同時又是宗教的，卽是極樂世界，地上天國。

這都是透過「互助」「服務」而達成的。

無論是互助的行爲，或者是服務的心意，都屬於「行」的範疇，都是實踐性的，都不止是理論，因而導引出「力行」的人生觀。

這「力行」的學說，早在「孫文學說」中，就孕育着理論的全部，其行易知難的各種分析和論證，到最後的目的是要推動「行」的實踐性。也就因此，就在進化學說中，已爲這種學說舖路。國父說：

「考世界人類之進化，當分爲三時期：第一由草昧進文明，爲不知而行之時期。第二由文明再進文明，爲行而後知之時期。第三自科學發明而後，爲知而後行之時期。」⑲

「人類之事仍不能悉先知之而後行之也；其不知而行之事，仍較於知而後行者爲尤多也。且

---

⑱ 同註❽。

⑲ 孫文學說第五章，國父全集第一册，第四五九頁。

> 人類之進步，皆發軔於不知而行者也。……故人類之進化，以不知而行者爲必要之門徑也。……由是觀之，行其所不知者，於人類則促進文明，於國家則圖致富強也。是故不知而行者，不獨爲人類所皆能，亦爲人類所當行，而尤爲人類之欲生存發達者之所必要也。有志國家富強者，宜黽勉力行也。」[20]

「力行」的人生觀，也就由進化的理論中導引出來，而在道德哲學中紮根。這學說特別由先總統 蔣公加以發揚光大：「關於『力行』這方面的話，總理已經講得很多，一部『知難行易』的孫文學說，可以說就是啓示我們革命要『力行』的道理。」[21]更在「行的道理」[22]中，把「力行」的學說，發揮到極致。同時在發揚陽明「知行合一」的學說中，闡揚了「力行」的眞諦。

叄、天人合一

前面的系統探討中，我們獲得了進化的人生觀，並由之而導引出的互助的人生觀，再而引出服務的人生觀，進而達到了力行的人生觀。這些人生觀因爲來源不同，站立的觀點不同，因而有

[20] 孫文學說第七章，國父全集第一冊，第四八〇——四八一頁。
[21] 三民主義之體系及其實行程序，蔣總統集第一冊，第一一四一頁。
[22] 行的道理，又名行的哲學，蔣總統集第一冊，第一一〇八——一一一三頁。

不同的名字，其實內容都是一致的，都是在統一人性的各個層面，都是在作着科學、道德、宗教的合璧。進化的人生觀源自進化的宇宙觀，因爲人生是在宇宙當中，宇宙的進化帶動着人性的進化。但是，宇宙進化中的物質進化和物種進化的「競爭」原則，却沒有束縛住人類，而人類由於理智和良知，其道德性和宗教情操却改變了進化的原則，卽是用「互助」代替了「競爭」，因此，從進化的人生觀步上了互助的人生觀堂奧。這「互助」的精神在人人生而不平等，可是要追求平等的意願中，却催生了「服務」犧牲的精神，而塑造了服務的人生觀，變成了人生以服務爲目的。進化、互助、服務，都是實踐的範疇，於是促成了力行的人生觀。

力行的人生觀是樂觀進取的，不是悲觀頹廢的：

「樂觀者，成功之源；悲觀者，失敗之因。吾人對於國民所負之責任，非圖謀民生幸福乎？民生幸福者，吾國民前途之第一大快樂也。」㉓

這人生觀是重精神，不重物質的：

「精神與物質……兩相比較，精神能力實居其九，物質能力僅得其一。」㉔

㉓ 國民月刊出世辭，國父全集第四册，第一四一六頁。

㉔ 軍人精神教育，國父全集第二册，第四八〇頁。在心物方面，本體論多在「心物合一論」圈子中打轉，其實這「心物合一」並非「心物並重」，亦不是「心物混合」，而是「視心重於物」的「心物合一」，這在「解決共產主義思想與方法的根本問題」中，說得非常清楚（見蔣總統集第二册，第一九二八頁）。

這人生觀又是利他的，不是利己的：

「人類兩種思想……一種就是利己，一種就是利人。重於利己者，每每出於害人，亦有所不惜。此種思想發達，則聰明才力之人，專用彼之才能去奪取人家之利益，漸而積成專制之階級，生出政治上之不平等……重於利人者，每每至到犧牲自己，亦樂而爲之。此種思想發達，則聰明才力之人，專用彼之才能，以謀他人的幸福，漸漸積成博愛之宗教、慈善之事業。」㉕

這些人生觀，在羣體生活方面是建立了社會秩序，而這些秩序的建立極峯，自然又是符合着中西文化精華的太平世與理想國；但是，在修己的工夫上，仍然扮演着「皆以修身爲本」的原理，而個人的成爲君子（獨善其身），以及成爲聖人（兼善天下），亦都在完成自己的人格，使其「從人到神」的進化歷程，得以實現。這也就是從道德的修練，達到了宗教的成果， 國父說：

「至於宗教的優點，是講到人同神的關係，或同天的關係，古人所謂天人一體。依進化的道理推測起來，人是由動物進化而成，既成人形，當從人形更進化而入於神聖。」㉖

這就是「天人合一」的思想，是人性進化的高峯，同時亦是所有人生觀都希望達到的一種境

㉕ 民權主義第三講，國父全集第一册，第一〇四頁。

㉖ 國民以人格救國，國父全集第二册，第五四五頁。

界。

結論

國父孫中山先生的人生觀，一方面承傳中華道統的王道、德治、仁政的社會思想，以「賢能」政治的模式發揮服務的人生觀。這服務的人生觀奠基在其宇宙的進化法則中的互助原則，而發揮落實到力行哲學上，一方面使個人進化到神性，另一方面引導社會走向太平世和地上天國，這樣，的確印證了「施比受有福」的原理，也應驗了「有犧牲才有成果」的構想。人生不是獨立的，還有別人；人生除了成己之外，還要成人；而最大的奧秘在於：成人才是成己的途徑。正如聖經中所說的：一粒麥子，如果不掉在地裡死了，終究是一粒，但是，若它掉在地裡死了，就會發芽、吐葉、開花、結菓、而結出三十倍、六十倍、乃至於一百倍的麥粒來。㉗

服務的人生觀所展示的，也正是從捨己爲人的行爲中，一方面有成人的成果，同時亦隨着成人，而提升了自身的存在。

如此，國父孫中山先生對生命意義的濃縮，就是：

㉗ 約翰福音第十二章第二十四節。

「以吾人數十年必死之生命，立國家億萬年不朽之根基。」㉘

先總統　蔣公也提出了對應的對聯：

「生活的目的在增進人類全體之生活，生命的意義在創造宇宙繼起之生命。」㉙

今天，工商業社會中的人際關係，互助更形迫切和需要，但是，在功利主義的影響下，到處呈現着「競爭」的事實。服務人生觀的提倡與實踐，的確是一劑良藥，能消除人際關係以及國際關係中的鴻溝，而引領人類走向合一的途徑，而成爲「四海之內，皆兄弟也」的和平康樂的世界。

㉘ 引自易蘇民所著「國父思想通論」，昌言出版社，增訂十二版，民國六十五年八月修訂版，第二三三頁。

㉙ 自述研究革命哲學經過的階段，蔣總統集第一册，第五八一頁。

國父孫中山先生的政治哲學

緒論

世界文化的發展，就以能用抽象的概念文字，來表達思想以來，已有近三千年的歷史。三千年前，世界各地順着河川以及三角洲的發展，興起了許許多多的文化羣；這些文化羣以自身的智慧，不斷地進步，像黃河流域、恒河流域、尼羅河流域、兩河流域等河川之地，都發展了高度的文明，這些文明有的在物質的層次上，表現了驚人的成就，像埃及的木乃伊、金字塔，中國的萬里長城等等；也有的在精神領域內，發揮了思想的長才，像希臘、羅馬等地，更有的發揮了宗教情操，像印度、希伯來民族；中國所發展的倫理道德文化，更是把人性從自然的蠻荒，帶進了高度的人文精神領域。

二千年前，地球上的文化羣開始走進了自身的極限，而感受到與別的文化相融通的需要，於是，凡是開放的文化體系，都開始與別的文化交流；像中國原始的儒家和道家，就向印度的佛教開放，而在融通了儒、道、佛之後，開創了隋唐盛世；其後更以之傳播至全亞洲，形成東方文化的主流，像西方的希伯來宗教文化，藉着羅馬殖民主義的機會，西進至希臘、羅馬的人文精神領域中，而締造了輝煌的中古時代；其後，更以宗教文化以及科技的合璧，傳遍了整個歐洲、美洲、非洲，成爲西洋文化的主流。

當代，文化交流一直不斷地進行中，東、西雙方文化經過許許多多的接觸、瞭解、接受或排拒，而漸漸地邁向世界文化的目標。

而在締造世界文化的流程中，做得最積極的，莫過於 國父孫中山先生，他所創建的三民主義，其政治體制的模式，委實涵蓋了文化的層面，而攝取了西洋的精華，在中華傳統文化的道統上，建立適應於世界潮流的思想體系，三民主義淵源的中華道統、西洋精華、 國父創見❶，的確是未來世界文化發展的先鋒。而這先鋒的基礎是哲學思想，但是，其表現在社會具體層面的，則是政治體系；因而，研究 國父孫中山先生的政治哲學，的確也能窺探世界文化發展的脈絡。

---

❶ 國父：三民主義具體辦法。先總統：三民主義之體系及其實行程序。

壹、釋　名

一、**政治**：「政是衆人之事，治是管理；管理衆人之事就是政治。」❷「無論那一個人，都是應該要知道做人的常事，大家都能够知道做人的常事，就是政治。」❸「一國之內，人民的一切幸福，都是以政治問題爲依歸的，國家最大的問題就是政治，如果政治不良，在國家裏頭，無論什麼問題都不能解決。」❹「無論那一個國家，不管他是不是強有力，祇要號稱國家，都是政治團體。有了國家，沒有政治，國家便不能運用。有了政治，沒有國家，政治便無從實行。政治是運用國家的，國家是實行政治的，可說國家是體，政治是用。」❺「能使國家進步，國民安樂者，乃爲良政治。」❻

二、**哲學**：「考察的方法有兩種：一種是用觀察，卽科學；一種是用判斷，卽哲學。」❼「關於

---

❷ 民權主義第一講。
❸ 國父演講：「革命成功個人不能有自由團體要有自由」。
❹ 民權主義第三講。
❺ 同註❸。
❻ 國民月刊出世辭。
❼ 民權主義第一講。

哲學的定義，自來就有各種不同的解釋，但我認爲哲學就是……『窮理、修身、正德』之學。簡言之，就是『窮理明德』的學問，其效則見之於誠意正心修齊治平之中，而研究哲學亦就是爲着要做誠正修齊治平之事，現在我還要補充一句話，窮理的目的在於致知，明德的工夫在於修身。修身的效驗，就在於知與行之中，方可驗得的。所以研究哲學，亦就是要解決人生與革命一切知與行的疑難問題……所以研究哲學，亦就是要求其心之安樂，使我所做的事都能心安理得，而毫無疑懼不寧的地方。」❽「哲學之所以可貴與力量之所以偉大，就在於他有窮究宇宙，調理萬物的精神，尤其對於人生之究極，與解決人生一切問題，更非哲學不可。」❾

三、政治哲學：

「政治是要講羣體『如何』過得好，『如何』過得快樂，『如何』過得幸福；而政治哲學不是要問『如何』的問題，而是要問『爲何』的問題；比方說一個人『爲何』要關心別人，『爲什麼』他心裡要意識到『四海之內皆兄弟也』，『爲什麼』他要意識到『天下一家』，他意識到如果他做了一些事情對羣衆不好，對社會不好，也是害了自己，他有了個人和社會的或羣衆認同或共識，我們說他是一個政治哲學家，因爲實際的政治是務實的、是功利的、現實的，而政治哲學應該加入良知，要討論社會『正義』的問題，討論『公道』的

---

❽ 先總統：「革命教育的基礎」。

❾ 先總統：「哲學與教育對青年的關係」。

問題，所以政治哲學是要對政治的制度或政治的行爲，加上一種『價値的批判』。」⑩

有了上面基本的名詞解釋，我們獲知「管理衆人之事就是政治」，同時「研究宇宙和人生的根本問題就是哲學」，還有就是「解答爲何管理衆人之事是政治哲學」，現在就可以進入本論，探討　國父孫中山先生的政治哲學的課題了。

我們分由三個面向來進行。

貳、政治理論

一、思想背景：　國父孫中山先生所處的時代，在中國是滿洲人統治中國衰微時期，內憂外患叢生；內憂是政治不修明，外患是西洋人的各式各樣的侵略，而在這些外來的侵略中，各種城下之盟，緊隨着鴉片戰爭、英法聯軍、八國聯軍而來，其所留下的副作用，都濃縮到富有憂患意識的士大夫身上。「被淘汰的恐懼症」不但在自身存在的意識中，而且透過唯物、實用、實證、進化等「弱肉強食」的學說，滲透到愛國情操之中。於是，在文化上的一連串的自立自強設計，亦都濃縮到「崇洋媚外」的心態之中。「崇洋」並不可怕，可怕的是，由於「崇洋」而忽視了自身文化的傳統，像「打倒孔家店」的口號，竟然環繞着民國八年的五四

---

⑩ 鄔昆如著「中國政治哲學」，中華電視臺教學部，民七十三年三月，第一二一——一二三頁。

運動的愛國熱潮中。放棄自身的道德文化，而轉向西洋學習堅船利礮，作爲抵抗外來侵略，作爲自立自強之道。

也就在崇洋媚外、打倒孔家店的新文化運動的民國八年，國父孫中山先生出版了他的文言文的三民主義。而這三民主義是什麼呢？那就是民國十年，國父在桂林對第三國際的代表馬林所說明的從「堯、舜、禹、湯、文、武、周公、孔子」所傳下來的道統。

國父是以冷靜的頭腦，周遊了歐美各地，同時亦走遍了中國，觀察了各地需要，而從中華道統、西洋精華中作了融通的工作，設計了三民主義。

二、思想淵源：因此，國父孫中山先生的思想來源也就成爲三分式的：中華道統、西洋精華、自己創見。⓫

(1)**中華道統**：在國父回答馬林所提出來的從「堯、舜、禹、湯、文、武、周公、孔子」所傳下來的道統中，直接展現出來的，當然不是政治的形式，亦即是說，不是政治制度。也就因此，在這裏的「承傳文化」是承傳道統，而不是承傳治統。無可諱言的，早期中國政治（乃至於滿清王朝），都是君主政體；這點，國父孫中山先生的三民主義自然沒有承傳。那末，三民主義承傳了什麼呢？那就是道統，這道統可以在尚書洪範篇的大經大法內，找到非常濃縮的描繪。洪範九疇的內涵，在表面上看是爲政的形式，指出爲政者所當作當爲；但是，在這形式背後所蘊

⓫ 同註❶。

涵的，則是「民本」精神，亦就是說，政府的行止，是以百姓的需要和願望爲基準的。

三民主義淵源中的中華道統，也就在於這「民本」精神：從爲政者憂國憂民的情操開始，一直發展出來的德治、王道、仁政，乃至於發揮出整套的服務人生觀，都在君主制度中，邁向「民爲貴，社稷次之，君爲輕」⑫的政治流變。孟子所濃縮的這句話，也正是中華道統落實在政治上的本質，而 國父孫中山先生的三民主義，無論是在首要的民生問題上，或是政治潮流的民權問題上，或是「以建民國」的民族問題上，都以這「民本」的道統爲依歸。

政治上的「王道」精神，是實現「民本」不可或缺的條件， 國父孫中山先生在「大亞洲主義」演講中，分別了東方文化與西洋文化兩大流派，而以爲東方文化是王道，而西洋文化是霸道。霸道文化以力服人，而王道文化則是以德化人，以德化人的思想也就是「德治」；而有道德的爲政者也就是仁者，仁者來管理衆人之事，也就是仁政。

因此，王道、德治、仁政成爲中華道統的三位一體，而都爲三民主義所承傳。

⑵**西洋精華**：在西洋精華部分，我們很愼重地考慮西洋文化中除了霸道文化之外，尚有那些基本的優點。西洋文化的發展，從希臘、羅馬的人本精神，到中世基督宗教的博愛，再到文藝復興、啓蒙運動，乃至於工業革命，以及民族獨立、民主法治的思想，更進一步，到當代的科技發達。其中「民本」精神，在中華道統中已經蘊涵豐富，自不必再從西方引進；所必需從西方引進

---

⑫ 孟子盡心下。

的，是在民主的制度下，在法治的政制中，如何達到「民本」的效果。因此，民主法治的精神，可以作爲達到「民本」的道統之途。國父孫中山先生的民權主義，可以說也就是濃縮並融通這種中華道統已有的「民本」，以及由西洋引進的民主法治方案。

我們幾乎可以這末說，國父孫中山先生在三民主義的中西合璧的運作中，是以「中體西用」的方式下進行的。「民本」思想是中華道統的，而達到民本的方案——民主和法治，則是西洋精華。

民主和法治主要的又不是條文或制度，而是隱藏在制度背後的精神。西洋的守法精神，或是羣體意識，或是公德心，不但不是來自科技，而且亦不是來自法治本身，而是來自歷史文化的源遠流長中，經歷希臘的「人本」，羅馬的「法治」，基督宗教的「博愛」，文藝復興的「民族意識」，啓蒙運動的個人「自覺」，當代的「科學精神」；由這一連串的、整體的文化承傳中，推動了民主法治的政治體制。

做到民主而不放任，做到法治而不僵化，這原是當代政治家的智慧考驗。

如此，國父孫中山先生在選擇西洋精華時，是經過深沉的考慮的。首先是把西洋的進步情形，歸結爲物質建設與精神建設兩大類。在物質建設方面，當然是引進西洋科技；他的實業計劃，也全在以西洋的科技，來改善國人的生活，來提高人民的生活素質。

在「民以食爲天」的民生基本問題上，不但指出了食、衣、住、行的解決方案，更上一層的是精神生活的建設。首先就是科學方法中的「知難行易」學說。在物質建設，科技引進的概念中，必需破除傳統的「非知之艱，行之惟艱」的說法，好使國民接受基本的科學精神訓練。

但是，在這之上的精神建設，除了運用中華道統的本身道德文化之外，也就是西洋文藝復興時代的「民族精神」；一方面團結中華民族，使其突破「私」（無論是個人的私，或是家庭、家族、種族的私），而走向「公」，藉以達到「以建民國」的目標，乃至於從「以建民國」到達「以進大同」的終極目標。

在這裏，「法」的定立，超乎民族界，超乎家族界，超乎家庭界，超乎個人界的「法」是必需的；以「法治」來彰顯「德治」，來實現「民本」，這原是三民主義方法的極致。

最後，在法治精神、科學精神的最終基礎處，也就符合了中華道統中的「天命」「天道」思想的承傳，　國父孫中山先生以言以行實踐了「以宗教補政令之不足」⓭，以西洋基督宗教制度化的精神，以及其與中華道統共有的「仁民愛物」的「博愛」情操，來完成從「以建民國」到「以進大同」的政治社會目標。

西方政治的核心課題，是法治的「正義」概念，是百姓表達意願的「民主」。民主與法治是支持「正義」的基礎；但是，宗教情操的「博愛」，卻在這正義之上，加上憂患意識，以及服務的人生觀（其內容是道德性的，但其動機則富有宗教的報應觀念），而促使政治社會走向「太平世」。

⓭ 國父演講：「以宗教上之道德補政治所不足」。

當代研究三民主義政治思想的學者，當然都瞭解物質建設層面的科技，由西洋引進；同時亦都能夠意識到精神建設的社會部分，引進了西洋的民主法治；但卻少有能洞察到精神建設部分的哲學和宗教思想，如何在各種建設之上，以陶冶心性的基礎上，以「博愛」的出發點上，支持並催生了各種建設。

國父孫中山先生的宗教信仰，以及他所主張的「以宗教補政令之不足」，委實是其形上思想最深沉的部分。

(3)自己創見：國父的創見部分，散見在其整個三民主義體系中。前面所述及的「中華道統」以及「西洋精華」，在三民主義中，都是經過選擇、批判、過濾、改造、融通之後，才作爲建構三民主義的素材，而作成的藍圖的，就如在「中華道統」上，並沒有接受那「非知之艱，行之惟艱」的說法；就如在「西洋精華」中，絕沒有考慮西洋文化特質的「覇道」；而且在引進「進化論」的時候，並不是照單全收的，而是經過改造、補足之後，蔚成完美的體系，能解釋宇宙和人生的根本問題時，才作定案。

在這裏，由於 國父是專業的生物學家，其大學教育均奠基在生物學方面，因而對當時進化學說，有非常深刻的研究；因而設法用中華道統的道德人生觀，來補足達爾文的弱肉強食的進化學說。

首先是宇宙進化的分期：照達爾文的進化學說，進化是整體的，由最低層的物質，經過種和類的躍昇，一層層地發展和進步，最後到達「人」的階段，本來，這種一系列的進化流程，在說明世界的起源，尤其提供人類的形成，並沒有什麼關係。可是，問題在於「進化原則」問題，亦就是說，究竟靠什麼動力會產生進化？達爾文在這裏，由於他在南部地區所做的觀察，直覺到進化的原則是「競爭」，一種存在若要發展和進步，若要躍昇種和類，都必需透過弱肉強食的「競爭」。甚至，這種進化原則的釐定，也沒有什麼關係；可是，問題卻發生在：以這種「競爭」的原則，應用到人類社會的發展上，以爲人類社會如果要發展和進步，人際關係也必需經由「競爭」的原則，才能達到和完成。

這自然是非常危險的學說，而且完全暴露出其「霸道文化」的模式。

在這裏， 國父孫中山先生以其精細的分析，當然不否認「競爭」的事實，也不否認「競爭」在進化流程中的地位；不過，「競爭」有極限，並不能涵蓋人性所有面向；因此， 國父首先分進化爲三階段，然後釐定各階段的進化原則。

進化三階段就是：物質進化、物種進化、人類進化。在物質進化中，從太極到地球的形成，都是物理的、天文的，其原則完全是物性，談不上是競爭或互助。第二期的物種進化，則是從生元開始，一直發展到人類爲止；在這期的進化中，因爲有「生存」的問題，的確是用了「競爭」的原則，而且是弱肉強食的，物競天擇的，適者生存不適者滅亡的。第三期是人類進化，它的起點是「人」，但是其終點則是「神」，是從人到神的進化，在這期進化中， 國父孫中山先生站在中華道統的立場，站在基督宗教博愛的立場，說出了其原則是「互助」，而不再是「競爭」；而在理論上，把「競爭」歸屬於獸性，而人性則是以互助爲原則的，其「減少獸性，增多人性」，甚至「消滅獸性，產生神性」的說法，都是在人類社會的設計中，建立起倫理道德的社會。這樣，在整體進化的終極目的上，指出了「孔子所謂『大道之行也，天下爲公』，耶穌所謂『爾旨得成，在地若天』」⑭這種「太平世」以及「地上天國」的藍圖，委實是融中西於一爐的，融中華道德文化與西洋宗教文化於一爐的。

這種以「互助」爲發展和進步的原則的學說，作爲基礎，然後再落實到各項政治措施中，就形成了下面的創見：

在民族主義方面，因爲不主張民族與民族之間的爭，而是要相互互助，於是，提出了「漢民族主義」的服務性格，漢族因爲人多勢衆，因而有責任起來推翻滿清，建立民國；但是，在建立民國之後，革命成果却要讓大家來分享，於是進入五族共和的「中華民族主義」；同樣，這「中華民族」也不要走進民族自尊的狹窄胡同中，而是要發展「大亞洲主義」，讓所有黃種人，都能享受到安和樂利的生活；再來就是進入「世界大同」，讓全世界、全人類都過一個太平的日子，這也正是「由親及疏」「由近及遠」的道德傳統。

這樣，從「以建民國」到「以進大同」的漸進原則，才是 國父民族主義的創見。

⑭ 孫文學說第四章。

再來就是在民權主義方面，西洋的民主法治，作為伸張「正義」的方案，國父改善了其三權分立的政制，而修改成五權憲法，而且，在以「民本」為中心的思想中，發明了「權」「能」區分的學說，以為「政府有能」「人民有權」這一方面眞的保障了人民的權利，另一方面也承傳了中華道統的「賢能」政治。

當然，在實踐上，還是運用了從軍政到訓政、到憲政的漸進原則，以配合傳統的據亂世、昇平世、太平世的進程。

在民生主義方面，中國的貧窮落後，滿清末年顯示得特別清楚，國父孫中山先生領導革命，其最基本的構想是：為國民謀吃飯、穿衣、居處、走路⓯，也就是首要解決民生問題。從希望溫和的改革，上書李鴻章的「人盡其才、地盡其利、物盡其用、貨暢其流」⓰開始，一直到實業計劃的擬定，在在都是關心民生樂利的課題。

從「平均地權、節制資本」的設計，使「均富」的社會構想，不致流於西洋資本主義，資本過於集中的流弊開始，希望從「勤儉致富」的傳統教誨中，獲得「藏富於民」的基本概念，而設法走「從富到均」的路子，因而主張國有財產與私有財產，共同發展，互相補足，同時互相牽制的方案。三民主義的經濟政策，在「養民」的原則下，逐步從生活必需，走向生活娛樂。

⓯ 國父演講：「中華民國之意義」。
⓰ 上李鴻章書。

叁、哲學思想

有關 國父的哲學思想，最爲人稱道的，是他在方法論上分別了科學與哲學，以爲科學用觀察，哲學用判斷。⑰然後，通常以西洋哲學分科的模式，說明知識論方面有「知難行易」學說，來支持其科學新知的引進；在形上學方面則由本體論的「心物合一論」，作爲核心，去批判西洋唯心、唯物的偏失；再來就是宇宙起源以及宇宙發展的理論，採取了改良的進化學說。從互助爲原則的人類進化的原則，落實到政治社會時，也就是王道、德治、仁政的政治精神，以及民主法治的政治制度。再後就是實踐哲學的服務人生觀，仁愛以及博愛的精神，從傳統的各科德目開始，透過修身、齊家、治國，而達到平天下的理想境界；這樣，從哲學入門，到哲學的體，再到哲學的用，就形成整體哲學流程。究竟這三者間的密切關係如何，也就很少有人詳加發揮了。

如果在這裏，套用先總統 蔣公的思維方式，認爲「無論什麼主義，都有一種哲學思想做基礎。」⑱

---

⑰ 民權主義第一講。

⑱ 同註❶。

「三民主義的哲學基礎爲民生哲學。」⑲

「仁愛是民生的基礎。」⑳

這樣，思想進程就是：仁愛↓民生↓三民主義。在這進程中，「民本」精神固然呈現在民生問題上，但是，其出發點就已經從「弱肉強食」的原則中轉移，而變成仁愛互助才是達成民生的方法。這末一來，「求生存」的層次也就從「獸性」的爭，轉變成人性的助；而人性的助則早已超乎了「求生存」的層面，而進入到道德世界的「求仁」境界。因此，在人生過程中，是「無求生以害仁，有殺身以成仁」㉑的，從荒蠻的求生本能，提昇到文明的求仁情操，才是三民主義哲學的精神所在。

也就由這種哲學基礎的支持， 國父的三階段進化論，才能成立。而「人類進化」的互助原則，落實到具體的社會，以及人際關係中，才有可能實現「民本」的基礎，以及仁政、王道、德治的政治體制。

肆、政治哲學

⑲ 同上。

⑳ 戴季陶：「孫文主義之哲學的基礎」。

㉑ 論語衞靈公。

在問及「爲何政治」、「爲何王道」、「爲何民本」時，所追尋的答案，當然不是政治中指導原則的「太平世」遠景，也不會是修、齊、治、平的漸進實踐方案；而是要提出更根本的理論，作爲基礎。

哲學上的基礎追尋，總是先奠基在「人性」上，問及「人性」究竟是什麼？它在人際關係中究竟扮演了什麼角色？像孟子的性善，所導引出來的政治，自然就是德治。但是，荀子的性惡，卻也會催生出禮治來。但是，性善性惡的論證，表面看來是獨立的，祇要孟子提出理想性的四端，說明人心的確由良知支配，而一直傾向善；祇要荀子指出現實人生的好利、好聲色、疾惡，也就說明在現實行爲中，人有向惡的傾向。然而，性善性惡本身並非自證的，它仍然需要更基礎的證明，那就是「人性」所淵源的「天」。這也正是中庸所提的「天命之謂性」，對「天」的解釋不同，因而才產生性惡性善的不同。孟子的天是有位格的，是有意志的，是樂善好施的，因此，在分受「天命」的理念中，「人性」也成了位格、有意志、樂善好施，這樣，當然就會導引出「性善」的答案。但是，荀子的天則是無意識的、無位格的，根本不是善行的象徵；因而絕不能跟隨絕對的天，來引伸出人的存在。這樣，「性惡」的學說就由人的行爲作爲唯一的準則而告成立。

這樣，天命→人性→政治的運作進程，也就成爲政治哲學的基本架構， 國父孫中山先生在進化的學說中，用別的箭頭來描寫同樣的進程，卽是從進化的法則→人性→神性的發展和進步，來推斷出「互助」的原則。

在明瞭了這種思想的進程之後，我們就可以直接進入　國父孫中山先生的政治哲學中，首先探討其指導原則，進而研究其實踐方案。

一、指導原則：歷史和社會交會的地方，在政治社會的描述中，都呈現在大思想家的著作裏，像孔子的「太平世」、柏拉圖的「理想國」、耶穌的「地上天國」、佛陀的「極樂世界」，都在一方面指出那是歷史發展的終極，另一方面亦描繪出，那種完美社會的景象。

政治哲學所關心的，也就是這裏所描寫的社會，是否天理人心之所繫，又是否確實融通了歷史和社會。

在「爲何政治」的問題中，是否已經隱含了這種政治社會的「終極目標」？無論是歷史哲學對政治社會的前瞻，或是社會哲學對終極社會的描寫，是否都可以用孔子的「天下爲公」「世界大同」的「太平世」，作爲濃縮的結論？在　國父的人類進化中，問及人類進化的目的爲何時，也就以孔子的學說，以及耶穌的學說作爲答案。

這樣，　國父政治哲學的指導原則亦是中西合璧的，它綜合融通了中華道統中的道德文化的精神，以及西洋傳統中的宗教思想。政治社會所發展的動向，到最終完成時，竟是中華道德傳統，與西洋基督宗教思想的合璧。

國父的政治哲學，不但融通了政治和哲學，而是向着道德和宗教開展的。人性的完成，眞的，在哲學中尋求智慧，在道德中追求至善，在宗教中等待來生；但是，這一切還是要具體落實到政治體制中。這樣，國父孫中山先生的學說，其偉大處也就是把握了「天道」和「人理」，而把政治、哲學、道德、宗教，都熔爲一爐了。

二、實踐原則：也就在這種政治、哲學、道德、宗教四合一的關係中，問及如何才能抵達人類歷史社會所寄望的「太平世」時，也就催生出兩種面向相當不同的答案：一個是：從純政治角度來看，是軍政、訓政、憲政；另一個則是道德文化取向的，那就是修身、齊家、治國、平天下。前者是當代的實踐方案，後者則是傳統的解答，二者互相補足，相輔相成。

但是，國父還是濃縮了這種政治性，以及道德性的實踐原則，而把它變成從「以建民國」到「以進大同」的二段進程。中國當代政治哲學的課題，在不遺忘「以進大同」的大目標下，還是極力着眼於「以建民國」的事功上。共產主義的浩刼，已經迫使中華文化漂流到海外，而重整中華道統的三民主義，目前正極力設法，透過三民主義模範省的臺、澎、金、馬，使中華文化回流到大陸，因此，把三民主義統一中國的方案，作爲「以建民國」的實際可行道路；在消極上消滅共產主義，在積極上統一中國；作爲步向「以進大同」的進階。

結　論

國父孫中山先生的政治哲學，其理論部分由 國父自己架構成，而其實踐則是由先總統蔣公在臺、澎、金、馬實施。其「以建民國」的願望，奠基於復興基地的建設成果，與大陸的落後相對照，所結論出來的「共產主義禍中國，三民主義救中國」。其實，三民主義統一中國的呼聲，從復興基地響起，已獲得海內外同胞的回應和認同，甚至，亦獲得西方文化人士的認同，以爲 國父孫中山先生的從「以建民國」到「以進大同」的路線是正確的，這也是從救中國，然後救世界的宏願。

孫中山先生哲學思想淵源的中西合璧

引論

國父孫中山先生首創三民主義，而三民主義之哲學思想，亦由學者所肯定❶。此篇講稿，嘗試以哲學觀點，來探討　國父哲學思想的淵源，然後再進一步，指出淵源中的中西合璧的哲學開創。

早在民前十六年（一八九六），　國父三十歲時，應英國劍橋大學教授翟爾斯氏之請，作自

❶ 無論早期的戴季陶先生，先總統　蔣公，或是中期的崔垂言、崔載陽、任卓宣、周世輔等先生，或是晚近的梁兆康、周伯達、王宗文等先生，都在致力於發揚三民主義哲學，著作非常多。

傳，其中述及：

「文早歲志窺遠大，性慕新奇，故所學多博雜不純，於中學則獨好三代兩漢之文，於西學則雅癖達文之道（Darwinism），而格致政事，亦常流覽。至於教則崇耶穌，於人則仰中華之湯武暨美國華盛頓焉。」❷

文中所陳述的，涵蓋了古今中外的學問，其所謂「博雜」，則可在民國八年在上海與邵元冲的談話，找出動機。他說：

「余所治者乃革命之學問也。凡一切學術，有可以助余革命之智識及能力者，余皆用以爲研究之原料，而組成余之『革命學』也。」❸

民國十年的演講「三民主義之具體辦法」中，更淸楚地指出了其思想淵源，他說：

「兄弟底三民主義，是集合中外底學說，應世界底潮流所得的。」❹

民國十二年，在所著「中國革命史」中，完整地道出了其思想淵源。他說：

「余之謀中國革命，其所持主義，有因襲吾國固有之思想者，有規撫歐洲之學說事蹟者，有吾所獨見而創獲者。」❺

❷ 國父全集第二册第二頁。
❸ 同上第八四二頁。
❹ 同上第四〇五—四〇六頁。
❺ 同上第一八一頁。

後來，在民國二十八年，先總統　蔣公在其「三民主義之體系及其實行程序」中，把這問題說得更清楚。他說：

「我們　總理的主義，是淵源於中國固有的政治與倫理、哲學的正統思想，而同時參酌中國現代的國情，擷取歐美社會科學和政治制度之精華，再加以　總理他自己獨自見到的眞理所融鑄的思想體系。」❻

上面所舉的幾段話，幾乎是所有研究三民主義思想家，有關主義思想淵源，都會引用的出處❼。而亦順理成章地結論出：三民主義思想的淵源爲：中華道統，西洋精華，國父創見。❽至於問題的引伸，這中華道統指的是什麼？西洋精華有那些？國父創見在那裏？這就成爲問題研究的對象。

第一個淵源的「中華道統」問題，學者多採取了先總統　蔣公的記述。他說：

「我記得民國十年　總理在桂林，共產黨第三國際有個代表馬林（瑞典人）曾經問過他：『

---

❻ 蔣總統集第一一三八頁。

❼ 除了註❶所列舉的哲學研究者之外，其它如政治、社會、文化的學者亦有同樣的看法，如傅啓學的「中山思想本義」用了二二頁的篇幅，探討了主義中的中西文化內容；如田桂林的「國父思想體系」，如易蘇民的「國父思想通論」，如王昇的「三民主義與其他主義之比較研究」等等。

❽ 同上。

『先生的革命思想基礎是什麼?』總理答覆他說:『中國有一個道統,堯、舜、禹、湯、文、武、周公、孔子相繼不絕,我的思想基礎,就是這個道統,我的革命就是繼承這個正統思想,來發揚光大。』」[9]

因此,把中華道統看成王道、德治、仁政的思想,是能够落實到具體的政治社會上的。至於西洋精華有那些,是構成三民主義思想的淵源的問題,則是比較見仁見智,見解比較複雜。而論及 國父創見時,多指其融洽了中西思想之後,而作出的超乎中西而有特創性的一些事件和學理,就如權能區分說,互助的進化論,心物合一論,知難行易說等等。

本文是嘗試在前人的成果中,再往前走一步,指出 國父思想如何去統合中西,又如何超越中西,而在創見中成爲「博大精深」,眞正可以說推之世界而皆準,百世以俟聖人而不惑;眞是『爲天地立心、爲生民立命、爲往聖繼絕學、爲萬世開太平』。」[10]

今就請以哲學的「體」和「用」兩個面向,亦即是以「天道」和「人道」二大部份,來探討國父孫中山先生思想的中西合璧。

---

[9] 蔣總統集第一一四〇頁。

[10] 同上第一一三八頁。

壹、天道部份

西洋哲學的分法，通常以理論哲學和實踐哲學二大部份，來涵蓋宇宙問題和人生問題；而中國哲學則比較着重體和用二大部份，來涵蓋天道和人道。事實上，依哲學的內涵看，則有指導原則和實踐原則的劃分。這裏提出的天道部份，當然是以宇宙問題爲中心，而論及哲學的體，而且是指導原則的探討。

國父思想中的形上學課題，所涉及的無論是宇宙問題的「進化」，或是本體問題的「心物」，都是天道部份，都是哲學的體，都是指導原則。

（一）宇宙進化

「人」因爲是生存在宇宙當中，宇宙的存在法則，也就控制着人類的存在。因此，人生問題的種種，也就必需溯源到宇宙的存在眞象。

宇宙的存在模式，在　國父學說中，首先是追隨達爾文的進化學說，以爲宇宙根本上是「動」態的，而且，這「動」是朝着「發展」和「進步」的。發展和進步的動態，也就是進化的最初描述。

「於西學則雅癖達文之道」⓫的自述，一方面欣賞達氏的進化學說，但另一方面的「癖」，則大有修正補足的含義在。依照西洋十九世紀的進化理論，多是在解釋生物學方面的起源和發展，尤其設法解決物種相互間的差異所形成的各式各樣的生物。這個進化理論局限於生命起源以及人類起源之間的各種變化；換句話說，西洋十九世紀的進化理論，重心在於物種進化，其始點是生命，其終點是人類；它並沒有完整地解釋生命的源始，更沒有刻劃出人類的前途。更進一步，在這種進化現象中，因爲局限在生物進化的模式，自然就走不出「競爭」的原則，因而開展出一些原則的描繪，像物競天擇，自然淘汰，優勝劣敗，適者生存，不適者滅亡等。

進化的事實問題在哲學上並不重要，那是生物「科學」的課題；但是，進化的原則問題，則是哲學所必需關心的，因爲它是指導原則，它所代表的是天道，它是哲學的體。進化的原則如果是「爭」，豈不導引出人生的原則亦是「爭」？

且看 國父在這方面的思考：

民前四年「平實尚不肯認錯」一文中，把進化分爲自然進化與人類進化兩種，其相互間有同有異，他說：

「以進化一學，有天然進化、人事進化之別也。若曰天然天演，人事天演，則不合也。因人

⓫ 同註❷

事進化與天然進化有相同的，亦有相反的也。」⑫

這裡所說「相同」以及「相反」，可以在下面幾段話中，看出其涵義：

民國元年的「非學問無以建設」一文中，說：

「物競爭存之義，已成舊說。今則人類進化，非相匡相助，無以自存。」⑬

同年的「求建設之學問爲全國人民負責任」講詞，有一段是這樣的：

「世界進化，隨學問爲轉移……二十世紀以前，歐洲諸國，發明一種生存競爭之新學說；一時影響所及，各國都以優勝劣敗，弱肉強食，爲立國之主腦，至謂有強權無公理。此種學說，在歐洲文明進化之初，因適於用，由今視之，殆是一種野蠻之學問。今歐美之文明程度愈高，……講公理，不講強橫，尚道德，不尚野蠻。」⑭

同年的「社會主義之派別及方法」演講中，述及：

「達爾文之主張，謂世界僅有強權而無公理，後起學者隨聲附和，絕對以強權爲世界唯一之眞理。我人訴諸良知，自覺未敢贊同，誠以強權雖合於天演之進化，而公理實難泯於天賦之良知。故天演淘汰爲野蠻物質之進化，公理良知實道德文明之進化也。」⑮

⑫ 國父全集第二册第八六頁。
⑬ 同上第二三八頁。
⑭ 同上第二五〇頁。
⑮ 同上第二八四頁。

民國元年的思想結晶，開始了進化之兩個面向，卽區分自然進化與人類進化；同時，更重要的，提出了公理良知，作爲互助原則的支持。

民國四年的「周應時戰學入門序」文中，說明了中華道統在補足進化學說所扮演的角色：

「近百年來，白種之物質進化，突超前古，而其心性進化尙未離乎野蠻，故戰爭之禍，於今尤烈……優勝劣敗，弱肉強食，殆視爲天理之當然。……我中華爲世界獨存之古國，開化最早，蠻風久泯，人好和平，不尙爭鬥。」⑯

民國九年「大光報年刊題詞」，說：

「蓋以人類由動物之有知識，能互助者進化而成。」⑰

民國十年的「實業計劃」結論中說：

「後達文而起之哲學家，所發明人類進化之主動力，在於互助，不在於競爭，如其他之動物者焉。」⑱

當然，最有體系的進化理論還是民國七年底就完成的「孫文學說」，尤其是第四章，完整地提出了進化的法則：物種進化是競爭，人類進化則是互助；同時界定了進化的目的：孔子的「天

---

⑯ 國父全集第四册第一四一八頁。
⑰ 同上第一四二七頁。
⑱ 同上第一册第六五一頁。

下爲公」，耶穌的「爾旨得成，在地若天」；還有就是進化的程序，以及進化的分期等等。

其中，進化的目的說得最爲淸楚，他說：

「人類進化的目的爲何？卽孔子所謂『大道之行也，天下爲公』，耶穌所謂『爾旨得成，在地若天』，此人類所希望，化現在之痛苦世界，而爲極樂之天堂者是也。」⑲

這進化的目的從民國十二年的「國民以人格救國」開始，配合了進化的分期、進程，而更濃縮了中、西的文化，他說：

「人本來是獸，所以帶有多少獸性，人性很少。我們要人類進步，是在造就高尚人格。要人類有高尚人格，就在減少獸性，增多人性。……依進化的道理推測起來，人是由動物進化而成，既成人形，當從人形更進化而入於神聖。是故欲造成人格，必當消滅獸性，發生神性，那麼，才算是人類進步到了極點。」⑳

民國十三年，是　國父思想的豐收年，他從一月廿七日開始，演講了民族主義六講；從三月九日起，講了民權主義六講；又從八月三日起，講了民生主義四講。

在這些演講中，　國父孫中山先生濃縮了中華道統與西洋精華，站在中華倫理道德的文化根基上，以「仁愛」的本心，作爲「爭」民族獨立，「爭」民權運用，「爭」民生樂利。可以說，

⑲ 同上第四五五頁。

⑳ 同上第二册第五四四—五四五頁。

用中華文化的仁政、德治、王道，來貫穿西洋現代化的建設。

當民國四十二年，先總統　蔣公補足民生主義所提出的「民生主義育樂兩篇補述」時，就結論出：

「我們要研究民生主義建設的最高理想，便要研究禮記的禮運篇。禮運篇所謂『大同』，就是總理一生革命的最高理想。」㉑

顯然的，進化目標的定立，是「太平世」以及「地上天國」的構想，是濃縮了中、西文化的精華的。

三民主義進化理論的終極理解，依　國父孫中山先生的看法，是直綫式的發展，是由「太極」開始，開展了物質進化的階段，一直到進化成地球為止；然後，是由地球上的「生元」開始了第二期的物種進化，直至發展到人類為止；人類進化從人到神，是為第三期進化。神的境界同時亦是「太平世」和「地上天國」的遠景，都是中西合璧的。

先總統　蔣公再進一步，以爲「神」的問題，不但是「終了」，而且是「開始」，因而在其民國四十四年的演講「解決共產主義思想與方法的根本問題」中，特別提出：中國哲學的「太極」就是西方的「上帝」㉒。這末一來，進化就不再是直綫式的進行，而是廻歸式的圓圈。這圓圈的

㉑ 同上第一册第二八一頁。

㉒ 蔣總統集第一九一九頁。

起點是「太極」，是「上帝」，是中、西文化的形上概念；這圓圈的終點也是「神」，落實在政治社會即是「天下爲公」以及「地上天國」，亦都是中西合璧的。

至於進化過程中的原則，從競爭到互助，亦即是融通了中西文明的精華。

(二) 心物合一

在宇宙動態的觀察中， 國父孫中山先生發展了「由人到神」的進化理論，超乎了達爾文以及其他西洋十九世紀的進化論者；而這「超乎」的部份，皆是運用了中、西文化的合璧。現在，我們在形上學的架構中，從宇宙走向本體；我們要探討事物存在的根本基礎是什麼。

本體問題，在三民主義的 國父思想中，最常見到的敍述是：西洋哲學在這方面，不是偏於唯心，就是偏於唯物，而二者互不相讓，造成對立的學派；而 國父孫中山先生則採取了「心物合一」論，消除了唯心唯物的偏差。㉓這心物合一論的基礎，在於「軍人精神教育」中的一段話。

國父說：

「總括宇宙現象，要不外物質與精神二者。精神雖爲物質之對，然實相輔爲用。考從前科學

㉓ 如周伯達「心物合一論」，濱聞書舍印行，民國六十年五月初版，第一——十二頁收集了所有這方面的學說，並加以整理、分析、批判。

未發達時代，往往以精神與物質爲絕對分離，而不知二者本合爲一。」[24]

研究三民主義的學者，當然在原則上承認「心物合一」論爲主義的本體論，同時亦承認宇宙的本體是「心物合一」的。但是，問題的核心產生在這「本合爲一」的註解。註解中的「合一」是並行呢？或是有「主從」關係？進一步的問題是：「合一」之後的狀態是並存呢？還是消融成一體？或者，心和物成爲一體之二面？或者，如化學變化一般，心和物都消失了，而成爲新的第三者？

我們在這裡所關心的，並不直接針對這些學說的發展情形，甚至也不關心它們的內容：我們所要探求的，是這「心物合一」是否亦爲中華道統與西洋精華的合璧。

在上一節的動態宇宙探討中，我們不但窺見了宇宙進化的軌跡，以及進化的原則，還有進化的目的；更重要的是：在動態的描繪中，我們看到了斷斷續續的「本體」。就如在物質進化中的「太極」、「地球」；在物種進化中的「生元」、「人」；在人類進化中的「獸性」、「人性」、「神性」。如果把現在探討的「本體」問題，用來解釋這些概念，「心物合一」，或是「本合爲一」的意義也許就更明瞭。

因爲，在「總括宇宙現象」語句中，「宇宙現象」一方面是「靜」態的觀察，所獲得的就是「不外物質與精神二者」；但在另一方面，則是「動」態的觀察，那就是變化、發展和進步的「進化」學說。那末，把這「靜」態與「動」態的二面一齊來討論時，是否就要問及「太極」、「

[24] 國父全集第二册第四七九頁。

地球」、「生元」、「人」、「獸性」、「人性」、「神性」等，是不是「心物合一」的？

這原是哲學在宇宙論的探討之後，尤其是在認定宇宙爲動態的情況之後，必然要問及的課題：變化背後不變的原理是什麼？變化的東西背後，是否有不變的本體在支持？

軍人精神教育中所論及的，顯然地就是要從「物質」與「精神」兩種現象背後，追尋出「質」的問題。這「質」的答案，　國父提出了「心物合一」的理論。在這裡，正如一般學者所認定的，擯棄了以精神爲宇宙唯一本體的唯心論，同時亦拒絕了以物質爲宇宙唯一本體的唯物論。這樣，「二者本合爲一」不就解決了問題嗎？但事實上卻不然，它才是問題的開端。

民國七年底脫稿的「孫文學說」，被提出了「生元」的理解，可以作爲「心物」同體之解說。　國父說：

「生元，蓋取生物元始之意也。生元者，何物也？曰：『其爲物也、精矣、微矣、神矣、妙矣，不可思議者矣。』按今日科學所能窺者，則生元之爲物也，乃有知覺靈明者也，乃有動作思維者也，乃有主意計畫者也。人身結構之精妙神奇者，生元爲之也，人性之聰明知覺者，生元發之也，動植物狀態之奇奇怪怪，不可思議者，生元之構造物也。」㉕

從這段話中，「物」的精細處也就成爲「精神」，而其本體之名，直可呼爲「生元」。這「生元」自然是生生不息的，既說明動態進化的宇宙，又能指出靜態本體所需要的答案。

㉕ 同上第一冊第四二六頁。

可是，「生元」一概念，究竟是否解釋「心物合一」？「孫文學說」中的解說，似乎在說明生元的「用」，可沒有解說生元的「體」。體和用畢竟不是同一回事。

國父在「軍人精神教育」中，就有體用問題，他說：

「在中國學者，亦恆言有體有用。何謂體？卽物質。何謂用？卽精神。二者相輔，不可分離，若猝然喪失精神，官骸雖具，不能言語，不能動作，用既失，而體亦卽成死物矣。」㉖

把精神管作用，把物質作爲體，這種「體用說」似乎又不是本體問題，而祇是現象的說明，而在這說明中，倒是把本體的動作看成表象，而精神才是推動這表象的本體。學者發明的「體用論」在這裡的確很值得討論。㉗因爲，在「軍人精神教育」整篇主題中，國父所強調的，是精神，絕不是物質，又如何可能把「物質」作爲形上學本體論中的「本體」呢？那句「兩相比較，精神能力實居其九，物質能力僅得其一」㉘，不是非常明顯的嗎？

筆者以爲，要解釋「二者本合爲一」的語句，還是需要採取三民主義最重要的繼承人先總統蔣公的學說，作爲優先思考的對象。㉙

㉖ 同上第二册第四七九—四八〇頁。
㉗ 關於「體用論」，如註㉓第五—七頁有詳細的辨正。
㉘ 國父全集第二册第四八〇頁。
㉙ 參閱鄔昆如著「三民主義哲學研究方法芻議」，臺大中山學術論叢，創刊號，民國六十九年八月，第九三頁。

早在民國二十四年的「爲學辦事與做人的基本要道」中，就指出：

「天下一切事件，總不外乎精神和物質二者，因此在哲學上產生唯物論、唯心論和一元論、二元論等等不同的學說。……本人現年快要五十歲了，三十年以來，就時常留意研究這個問題。據我研究的心得，認定精神離了物質，既無由表現；物質離了精神，亦不能致用；所以精神與物質，實爲一體之二面，或者說一物之二象，相因而生，相需而成。所以無論唯心唯物，如果偏執一見，都是錯的。」㉚

這裡的「一物二象」，或是「一體二面」，都在說明本體的數「量」上，是一元的，其之所以呈現物質和精神，都是表象。因而，這一元本身不是純物質，亦不是純精神，而是精神與物質合一體：這也就是「心物合一體」。

這「心物合一體」是什麼呢？又如何呈現呢？其最原始的存在是什麼呢？這原是本體論必然要提出的課題。

民國三十年，　先總統在其「哲學與教育對於青年的關係」中說：

「中國哲學，不僅窮究宇宙，調理萬物，而且是闡明天人合一，萬物一理的，就是『太極』。『太極』兩字，如果拿現在的用語來說，就是一切人爲法則與自然法則的最高哲理，也就

㉚ 蔣總統集第八五八頁。

是宇宙眞善美的唯一極則，而爲一切宇宙歷史現象與自然現象共具的本質。」[31]

因而，這宇宙的最終本體，亦就是說「心物合一體」就是「太極」，是　國父孫中山先生宇宙進化論的始點。是在西洋宇宙進化論中，加入中國哲學的精華的，形成了另一角度的中西合璧。

因此，在靜態本體的觀察中，動態宇宙起源的「太極」就是宇宙本體，同時亦是「心物合一體」，以及「心」和「物」的最早淵源，更進一步，是宇宙整體以及人生整體的淵源。用形上觀點來看，這原本爲「一體」的「太極」，倒是可以創生所有「心物合一」的萬事萬物；萬事萬物在表象上雖然呈現出多元性，但其根本體都是一元的「太極」。

這種思想在　先總統的哲學中，繼續不斷地發展，民國三十九年的「總理『知難行易』學說與陽明『知行合一』哲學的綜合研究」，說明了民生哲學思想，不偏於唯心，也不偏於唯物，而與近代哲學界的「中立一元論」完全相合。[32]民國四十一年的「反共抗俄基本論」，同樣地指出：民生哲學承認精神與物質均爲本體的一部份，既不對立，也不分離。[33]民國四十三年的「革命教育的基礎」，更進一步，提出了「既不偏於唯心，亦不偏於唯物」的思想，就是「心物一體論」。[34]

[31] 同上第一三五〇頁。
[32] 參閱同上第一七二三頁。
[33] 參閱同上第二四九頁。
[34] 參閱同上第一九一〇頁。

民國四十四年的「解決共產主義思想與方法的根本問題」，終於給「心物合一論」的「不偏於唯心，亦不偏於唯物」的說法，作了決定性的定案。那就是「視心重於物」的「心物合一論」。

首先， 先總統把握住中國哲學「天人合一」的思想根本，先掌握住中國哲學對「天」的理解，他說：

「我們中國『天人合一』哲學思想，乃是承認了『天』的存在，亦就是承認了『神』的存在。故『天曰神』，又曰『神者，天地之本，而爲萬物之始也。』……這就是天即神，天即心與『天人合一』的證明。」㉟

又說：

「因此我說『天人合一論』，就是『心物一體』論的根源。」㊱

肯定了「天」與「神」的同義異字，也就是貫通了中國哲學的「天」與西方哲學的「神」，進一步就是要把本體問題作個交代。 先總統說：

「在西方來說，這獨一無二的『絕對』，就是指創造宇宙萬物之主——上帝（神）。若依照我們中國哲學來說，那就是指『太極』——上天（神）。」㊲

㉟ 同上第一九二七頁。

㊱ 同上。

㊲ 同上第一九一九頁。

這末一來，動態宇宙起源的「太極」既是宇宙本體，同時也就等於西洋的上帝。這種本體的體認，當然很顯然地就會導引出下面的結論。　先總統說：

「綜合上述，可見中國傳統哲學思想，乃導源於『天人合一』的觀念。不過這個觀念，自然『視心重於物』的。惟這『視心重於物』的觀念，正是『心物一體』論的特點所在，亦可以說，這是『心物一體』論的原則。所以　國父常說：『精神與物質相輔爲用：……兩相比較，精神能力實居其九，物質能力僅得其一』。……心物一體論，並不是心物並重論。」[38]

「視心重於物」的「心物合一論」是三民主義本體論的定案。可是，這定案是經由「一體兩面論」，「心物一體論」，「中立一元論」，「心物並重論」等學說作爲過程，而最後抵達的結論。

在「解決共產主義思想與方法的根本問題」中，除了這「視心重於物的心物合一論」之外，尚有「天人合一的尊神論」[39]。這二者都是先總統　蔣公在解釋　國父思想時，一方面採取中國傳統哲學的精華，以及西洋宗教信仰的內容，另一方面則是作了融滙貫通的工作。

國父孫中山先生的本體論思想是中西合璧的。

---

[38] 同上第一九二八頁。

[39] 同上。

貳、人道部份

上面的天道部份，我們從對宇宙的觀察，獲得了動態的、進化的宇宙現象，並且更深入探討了宇宙的本體，總結出天道部份無論是宇宙問題，或是本體問題，　國父孫中山先生的思想淵源，都是中、西合璧的。

天道部份算是哲學的「體」，是指導原則。有了這指導原則之後，就可以導引出實踐方案，進入哲學的「用」了。

在人道哲學部份，我們提出民族、民權、民生三大面向來探討。

（一）民族主義

就在前面指導原則由宇宙進化所導引出來的結論中，我們獲得了進化的總目標是人性的神性化，是群體性的世界大同。而且，整個進化的原則是漸漸擺脫競爭的獸性，而產生互助的人性，因此，人際關係以及國際關係的仁愛互助，才是走向世界大同的途徑。

可是，讀遍民族主義六講，那一講不是在「爭」民族的生存、「爭」民族的自由、獨立、自主？

「互助」與「競爭」的衝突與其配合運用，很能表現出　國父在融通中西文化在這方面的努力。民族主義的精義本在強調民族的優越，以及爭取民族的權利，而是在提醒民族文化的責任。固然，中國的內憂外患的確催生着 國父救國救民的憂患意識，那句「三民主義就是救國主義」❹❿，十足表現了這種精神。但是，這種精神所表現的，絕不是狹窄的民族自尊，或是民族自大，而是強調着民族對世界對國家的責任。民國八年文言本的三民主義，就完全表露了這民族主義的精神。國父說：

「夫漢族光復，滿清傾覆，不過祇達到民族主義之一消極目的而已，從此當努力猛進，以達民族主義之積極目的也。積極目的爲何？卽漢族當犧牲其血統、歷史與夫自尊自大之名稱，而與滿、蒙、回、藏之人民相見以誠，合爲一爐而治之，以成一中華民族之新主義。」❹❶

當然，依照西洋文藝復興的模式，是民族爭獨立的民族主義。在 國父思想中，漢族亦應當在滿人統治下爭獨立自主。不過，在滿清傾覆、漢族光復之後，就不同於西方的民族主義，而是要更進一步，利用五族共和，來完成中華民族主義。

在世界大同與民族主義之間， 國父設計了非常有體系的思想進程：可以濃縮成「以建民國」以及隨着而來的「以進大同」八個字來形容。

顯然的，「以進大同」是政治、社會、文化發展的終極目標，而「以建民國」則是民族主義

---

❹❿ 民族主義第一講，國父全集第一册第一頁。
❹❶ 國父全集第二册第一五六頁。

第一期要完成的近程目標。

和這個從「以建民國」到「以進大同」並行的，也就是從「漢族主義」到五族共和的「中華民族主義」，再到「大亞洲主義」，最後才到「世界大同」[42]。

西洋當代的現實政治社會理論，大多沒有遵行柏拉圖理想國式的世界主義，更沒有實踐耶穌基督的地上天國模式的大公思想。 國父孫中山先生，能用孔子的「大道之行也天下爲公」來比擬耶穌的「爾旨得成，在地若天」，而且用西洋「爭」的方式，來促進民族獨立自主，用中國的「互助」來促成五族共和，都是在濃縮中、西文化的融通工作。

在民族文化與世界大同的融通中，最困難的莫過於進化原則中，人與人之間，國與國之間的「王道」或「霸道」的課題。 國父在「大亞洲主義」演講中，明白地指出：

「歐洲近百年是什麼文化呢？是科學的文化。是注重功利的文化。這種文化應用到人類社會，只見物質文明，只有飛機炸彈，只有洋槍大砲，專是一種武力的文化。……所以歐洲的文化是霸道的文化。……還有一種文化，好過霸道的文化，這種文化的本質，是仁義道德。用這種仁義道德的文化，是感化人，不是壓迫人；是要人懷德，不是要人畏威。這種

---

[42] 參閱陳曉林著「民族主義與自由主義在現代學理上的衝突與調和」，中山學術會議論文。民國七十年九月廿七—三十日。

要人懷德的文化，我們中國的古話就說是『行王道』。所以亞洲的文化，就是王道的文化。」㊸

誠然，霸道文化的模式可以催生「爭」權利，而王道文化的模式則是「仁愛」。而在民族主義的探討中，我們一方面窺見了國父在「爭」民族平等、民族獨立、民族自主等事功上，的確比美了西洋文藝復興時代的民族主義；可是，在對別的民族，先是國內的五族共和，繼則是亞洲民族，終至普及全世界、全人類，都是以王道的推行方式抵達的。

中西合璧在民族主義的表象與內涵中，尤其在其精義中，表露無遺。

㈡ 民權主義

毫無疑問地，國父孫中山先生的政治藍圖，形式上是採取西方的民主法治的，但是，民本的精神，以及實施民權的方案，都是中華道統的。

早在民前六年的演講「三民主義與中國民族之前途」中，就有：

「兄弟歷現各國的憲法，有文憲法，是美國最好；無文憲法，是英國最好……英的憲法，所謂三權分立，行政權、立法權、裁判權各不相統……後來法國孟德斯鳩將英國制度作為根本，參合自己的理想成為一家之學。美國憲法又將孟氏學說作為根本，把那三權界限更分

㊸ 國父全集第二冊第七六六—七六七頁。

得清楚……兄弟的意思，將來中華民國的憲法，是要創一種新主義，叫做『五權分立』。」[44]

民國十二年的「中國革命史」，在述及民權主義時，有下列一段話：

「中國古昔有唐虞之揖讓，湯武之革命，其垂為學說者，有所謂『天視自我民視，天聽自我民聽』，有所謂『聞誅一夫紂，未聞弒君』，有所謂『民為貴，君為輕』，此不可謂無民權思想矣！余遊歐美深究其政治、法律之得失，知選舉之弊，決不可無以救之。而中國相傳考試之制，糾察之制，實有其精義，足以濟歐美法律、政治之窮。故主張以考試、糾察二權，與立法、司法、行政三權並立，合為五權憲法。」[45]

「五權分立」「五權憲法」都是在中西文化的探究中，獲得的合璧成果。

（三）民生主義

民生主義的根本思想，是在處理「人民的生活、社會的生存、國民的生計、群眾的生命」[46]：而民生問題是謀國的主旨：「謀國必有四大主旨：一為國民謀吃飯、二為國民謀穿衣、三為國民謀居室、四為國民謀走路」[47]。

[44] 同上第二〇五頁。
[45] 同上第一八二頁。
[46] 同上第一册第一五七頁。
[47] 同上第二册第三五一頁。

眞的，不但在民權主義中的「權能區分」理論：說明政府有能、人民有權，而突現出「民本」的思想；而在民生主義的各項設計中，更展示出「民本」的精神。這精神一方面由中華道統的「正德、利用、厚生」㊽，以及「德惟善政、政在養民」㊾，而導引出 國父的「建設之首要在民生」㊿：一方面用科學方法，學習西洋的富強之本：「竊嘗深維歐洲富強之本，不盡在於船堅礮利，壘固兵強，而在於人能盡其才、地能盡其利、物能盡其用、貨能暢其流。……自古教養之道，莫備於中華……泰西諸邦崛起之近世，深得三代之遺風，庠序學校，遍佈關中，人無貴賤，皆奮於學。……泰西治國之規，大有唐虞之用意，其用人也。務取所長，而久其職。……所謂地盡其利者，在農政有官、農務有學、耕耨有器也。……有后稷教民稼穡，我中國之農政，古有專官……泰西國家深明致富之大源，在於無遺地利，無失農時。……所謂物能盡其用者，在窮理日精，機器日巧，不作無益以害有益也。泰西之儒，以格致爲生民根本之務……我國倘能推而仿之，亦致富之一大經也。……所謂貨暢其流者，在關卡之無阻難，保商之有善法，多輪船鐵道之載運也。……故泰西各國，體恤商情……謀富強者，宜急爲留意於斯，則天下幸甚。」(51)

㊽ 書經大禹謨。

㊾ 同上。

㊿ 建國大綱，國民政府建國大綱第二條， 國父全集第一册第七五一頁。

(51) 上李鴻章陳救國大計書， 國父全集第三册第一—一六頁。

中西合璧之理想，都呈現在救國大計中。正如　國父自己說的：

「兄弟底三民主義，是集合中外底學說，應世界底潮流所得的，就是美國前總統林肯底主義，也有與兄弟底三民主義符合底地方……就是『民有』『民治』『民享』。他這『民有』、『民治』、『民享』主義，就是兄弟底『民族』、『民權』、『民生』主義。」52

在實踐原則的人道課題中，先總統　蔣公所提出的結論可以作爲定案，他說：

「無論什麼主義，都有一種哲學思想做基礎。三民主義的哲學基礎爲『民生哲學』。戴季陶同志有一本專著，闡明得很是詳細，凡是親承　總理教訓的人，都承認他這本著作能眞實表達　總理思想學說的全部精義。」53

戴季陶先生在其所著「孫文主義之哲學的基礎」上說：

「民生是歷史的中心，仁愛是民生的基礎。」54

因此，我們可以把三民主義的體系總括起來，就是：三民主義的哲學基礎是民生哲學，仁愛是民生的基礎。這樣，無論在三民主義淵源的中華道統，或是西洋精華，或是　國父創見，都由「仁愛」做基礎，都在解決「民生」問題，都在開展「民生史觀」。在另一方面，無論天道部份

---

52 國父全集第二冊第四〇五—四〇六頁。

53 先總統集第一一三九頁。

54 參閱戴季陶等著「三民主義哲學論文集」，中央文物供應社印行，民國六十七年出版，第三一頁。

的宇宙進化問題，心物本體問題，也無論人道部份的各種實踐，亦都以「仁愛」爲出發點，以「民生」爲首要關懷的對象。

結論

世界文化的發展，三千年前二十幾種高度文明各別地在自己領域內成長；[55]前二千年，這許多文化開始了彼此間的交往、融通；在東方，有印度文化傳入了中國，融通了儒、道、佛的綜合共命慧，影響所及，形成了東方文化；在西洋，希伯來文化交融了希臘、羅馬的文明，傳遍了歐洲、非洲、美洲，締造了西方文化。今天，東西文化的交流在不斷地進行中。三民主義文化的設計，無論其科學、政治、道德、宗教，都正在融通中、西，在作着文化的先鋒，而在從「以建民國」的基礎上，走向「以進大同」的境界。

也就在這思想淵源的探索中，我們可以窺見其中、西智慧的合流，同時，更能在文化的前瞻中，看出其邁向大同世界的藍圖。

---

[55] 參閱 A. Toynbee, A Study of History, Oxford University Press, London, Sixth Impression, 1955, Vol. I, PP. 131-133; Vol. IV PP. 558-561.

科學・哲學・宗教

——國父孫中山先生思想的合璧

一

當代的一位思想家，除了他自己專精的某一門學科之外，至少還應該有下列的學問：

在學問內容上：應該涉及宇宙和人生的根本問題。就如宇宙的起源、人生的歸宿等；否則就極可能茫然地度過一生，直到要離開人世了，還不知道自己爲何而生，爲何而活。

在學問的形式上：應該思想一貫，也就是說，理論與實踐相符，言行要一致。還有就是思想本身的理路要前後貫通，不能有互相矛盾的地方。否則就暴露出思想的散漫，以及無法建立中心思想。

在學問的組織上：要有體系，由淺入深，有形而上的基礎，有形而下的實踐方案。亦卽是說，要有形而上的不變的指導原則，同時亦有可應變的實踐方案；而且，這實踐方案的釐定理由，是奠基在指導原則之下，向着最終目標邁進的。

以上的三個條件，其實都可以在 國父孫中山先生思想中，找到足够的例證；而且，若用科學、哲學、宗教三方面來探討時，就更顯得落實和明顯。

二

這裡說的科學、哲學、宗教，並不是以嚴格的定義來界定的，而是在「思想家」的廣泛意義上，以它們相互之間的關係，作爲探討的對象。因而：

科學的意義原則上是指自然科學的課題，但亦可以不排除社會科學和人文科學的意義和範圍。因爲，社會科學，甚至有部分的人文科學，目前都在採用自然科學的方法，來研究其本身的課題。當然，在這種情形之下，科學方法的認定，還是以「觀察」爲主[1]，而以能觀察的現象爲研究對象，卽是以「事實」和「事件」的實在面爲基礎，而排除了理想，甚至不用任何一種「意識形態」，來「判斷」事物的本質；因而亦盡量排除「價值批判」的取向。

[1] 參閱民權主義第一講，國父全集，第一册第六七頁。

哲學的意義在這裡，也就是用思辯的方法，在觀察了事物的現象之後，以事實和事件的經驗預料，而用「判斷」❷來推論現象背後的本體和眞象的學問。在這種界說之下，又可以分成政治哲學、社會哲學、道德哲學，乃至於宗教哲學。或者，根本上集合各種三民主義的哲學取向，統稱之爲「民生哲學」❸。

宗教的意義，亦是一種較廣泛的說法，並不是嚴謹地指出敎義、敎儀、敎規等有組織的制度宗教；它可以是一種發自人性內心，難以與道德意識分開的自然宗教，乃至於發展在外的各種宗教行爲，如禱告、齋戒等。當然，在　國父孫中山先生的著述中，宗教通常是指基督宗教。

三

民生哲學比較着重的課題，在其出發點上當然就是民族求生存的問題。但是，「求生」原是人性的直接呈現，並沒有經過幾許反省，或者，更沒有什麽提升人性的成果在內；而在「求生」之上加上「求仁」時，尤其是加上了規範如「無求生以害仁，有殺身以成仁」❹時，才算是道德

❷同上。
❸參閱戴季陶著「孫文主義之哲學的基礎」，三民主義哲學論文集，戴季陶等著，中央文物供應社印行，民六十七年五月二十日出版，第三九——四〇頁。
❹論語衛靈公。

哲學的呈現。而一旦抵達問及「仁」本身的規範意義，以及決定「仁」的法則主宰時，宗教哲學上的「天」或是「天命」也就從此出現，而進入形上學的內涵；進入人生求「聖」的層次。

再加上「人」的來源問題，「宇宙」與「人」的關係問題，終於形成了哲學探討宇宙和人生根本問題的瞭解。

「求生」問題的探討和加深，一方面是解決民生基本問題的食、衣、住、行四大主旨，這也就是改變原始「生產」方式，而進入現代化的管理。在這方面，國父早在上書李鴻章時，就定出了發展的大綱：「人盡其才，地盡其利，物盡其用，貨暢其流」；這顯然的在生產方式上，從農業的基礎開展，而進入到工、商業的時代設計。這是科學的觀察和技術的運用；這觀察和運用最重要的是「實踐」，是「行」，不是「理論」的建立，或是高談濶論。

但是，中國文化在道德上的務實性格，從書經開始的「非知之艱，行之惟艱」的說法，的確阻碍着中國人勇於實踐的天性。因此，國父在解決民生問題之前，亦即是說，要建立科學體系，或科技信念之前，必須在哲學上，建立起一套足以破除錯誤思想的理論基礎。這種以「立」來「破」的三民主義體系，原是國父孫中山先生思想的主要性格之一。國父先「立」了「行易知難」的學說，利用了許許多多的辯證，說明了在科技事務上，「行」是容易的，而「知」則非常困難。因而，結論出：道德上的知和行的關係，與科技上的知和行的關係，並不相同；而在中國當時最基本的「民生問題」的解決上，先要認清「知難行易」的理論，好作爲「空言不如

力行」的實踐原則鋪路。❺

用哲學的「行易知難」理論，來支持科技發展的倡導，以解決國民的食、衣、住、行等生活必需的課題；這顯然地是哲學補足科學之學，同時是科學和哲學合璧之處。科學的實用價值，以及其務實的性格，甚至其眞正的用途以及運作的秩序，都需要哲學的智慧來操作。

科學與哲學的分別， 國父孫中山先生用了非常扼要的說明來敍述。那就是：

「考察宇宙現象方法有兩種：一種用觀察，卽科學；一種用判斷，卽哲學。」❻

從這個解說中，我們獲得進一步的理解，那就是「觀察」和「判斷」的區別。「觀察」所針對的是事實和事件，而這些事實和事件作爲對象，是有其客觀性的；這客觀性的認定，同時亦表明了人的主體性在這裡並不能發揮創造的作用，而祇能表演認知的能力。事實如此，或是有此事件，是客觀的事實，人面對這事實和事件，唯有承認和接受。但是，在「判斷」一詞中，隱含着的意義就不同，它不是認同事實和事件如此這般的客觀性，它是要在這些客觀性之外，加上價值的批判。價值批判是主觀的，屬於主體意識的。如果說，「觀察」的成果是知識中的「實然」的話，則「判斷」所獲得的成果，就是價值哲學、或是道德哲學中的「應然」問題。

哲學當然要顧及到科學成果的實然性，要顧及科學研究的成果；可是，哲學絕不停留在科學

❺ 先總統 蔣公「總理『知難行易』學說與陽明『知行合一』哲學之綜合研究」。蔣總統集，第一七二一頁。

❻ 同❶。

的成果之內，它還要往上超越，超升到事物「應該」到達的領域。因此，哲學的「理想」性格，就永遠要在科學的「務實」性格中，提出批判。

四

哲學批判的依據是什麼呢？

如果說科學的觀察是通過感官，再透過理知的分析和綜合，而獲得有體系的知識的話，則哲學的判斷最先就是用理性，設法透視事物現象，而在事物背後找出事物存在的基礎；而再由基礎推論出事物的「應然」性。

「實然」是已經現存的，「應然」則沾有濃厚的未來式。還有一點是：「實然」是存在的，而「應然」尚未存在。人生哲學中最值得人類驕傲的地方，是要努力把尚未存在的「應然」，改變爲「實然」。

因此，「應然」的主體也就不可能是感官，或者支持感官，接應感官的那一部分理知。「應然」的主體是人，而且是人透過良知，直接感受到的「道德命令」。

在這裡，我們在 國父的專業知識的發展中，有清楚的體認。那就是生物學上的進化理論。

國父孫中山先生早年習醫，其對當時在生物學上極有影響的進化學說，很有興趣。在其民前十六年十月的「自傳」中，說：

「西學則雅癖達文（Darwinism）之道。」❼

達爾文的進化學說，在解釋着「物種原始」，如何從物發展到獸，再從獸進化到人。在進化內容涵蓋中，底層有物，上層有人，而其間則是獸的各層演變。達爾文的「物種原始」一書，其重點就是要解釋從生命經意識到精神的發生過程。再來就是進化的原則。西洋十九世紀盛行的進化學說，無論是史賓塞（Herbert Spencer, 1820-1903），或是黑格而（Ernst Haeckel,1834-1919），或是奧斯華（Wilhelm Ostwald, 1853-1932），或是赫胥黎（Thomas Huxley, 1825-1895），都以為是「物競天擇」的，「弱肉強食」的，「適者生存，不適者滅亡」的。

這些進化原則，不但行於西洋，同時亦感染到了亞洲。 國父著作中提及到的「平實」❽，也正是這種學風的代表。但是， 國父是反對「平實」的說法的。而反對的方法，是創立了進化的內涵，以及擴充了進化的原則。

在加大進化的內涵上，是加入了「人類進化」的階段，也即是說，把西方已有的從物到獸的物質進化，以及從獸到人的物種進化之上，再加入從人到神的人類進化。❾也就在進化的內涵加

❼ 自傳。民前十六年十月。國父全集，第二冊第二頁。

❽ 平實尚不肯認錯。民前四年八月二十日。國父全集，第二冊第八四——八六頁。

❾ 國民以人格救國。民十二年十月二十日。國父全集，第二冊第五四四——五四五頁。

大之後，就擴充了進化的原則問題。

國父孫中山先生認可由獸到人的物種進化，可以有弱肉強食的競爭場面，但是，在從人到神的人類進化中，則肯定其進化原則是「互助」，不是競爭。

「競爭」和「互助」的兩項原則，如何獲得的呢？國父提出了「良知」爲判斷的尺度。他說：

「達爾文之主張，謂世界僅有強權而無公理。後起學者隨聲附和，絕對以強權爲世界唯一之眞理。我人訴諸良知，自覺未敢贊同，誠以強權雖合於天演之進化，而公理實難泯於天賦之良知。故天演淘汰爲野蠻物質之進化，公理良知實道德文明之進化也。」⑩

在進化學說中，國父把科學的層次提升到「道德哲學」的層次，而以「良知」爲基準，來「判斷」是非善惡，是爲超乎了科學知識探究的眞假對錯課題的範圍。

再進一層，要發展道德哲學的「良知」「互助」，又必須在人類進化中，不是以「人」爲進化的終極，而是在人類之上，指出了「神性」的企求。他說：

「近來科學中的進化論家說，人類是由極簡單的動物，慢慢變成複雜的動物，以至於猩猩更進而成人。由動物變到人類，至今還不甚久，所以人的本源便是動物，所賦的天性，便有

---

⑩ 社會主義之派別及方法。民元年十月十一——十三日。國父全集，第二册第二八四頁。

多少動物性質。換一句話說，就是本來是獸，所以帶有多少獸性，人性很少。我們要人類進步，是在造就高尙人格，要人類有高尙人格，就要減少獸性，增多人性。……依進化的道理推測起來，人是由動物進化而成，既成人形，當從人形更進化而入於神聖。是故欲造成人格，必當消滅獸性，發生神性，那末，才算是人類進步到了極點。」⓫

從「人格」的觀點上看，人性需要達到神性，這也正符合了　國父第三期進化的終極目標。他說：

「人類初出之時，亦與禽獸無異，再經幾許萬年之進化，而始長成人性，而人類之進化，於是乎起源。……人類本從物種而來，其入於第三期之進化，爲時尙淺，而一切物種遺傳之性，尙未能悉行化除也。……人類進化之目的爲何？卽孔子所謂『大道之行也，天下爲公』，耶穌所謂『爾旨得成，在地若天』。此人類所希望，化現在之痛苦世界，而爲極樂之天堂者是也。」⓬

於是，從科學觀察的進化成果，經由哲學判斷的互助原則，到達天下爲公，以及地上天國的道德以及宗教的境界。科學、哲學、宗教的合璧，在這裡可以見到端倪。

⓫ 同註❾。

⓬ 孫文學說第四章。民七年十二月三十日。國父全集，第一冊第四五五頁。

五

論及宗教的課題，在廣義上是宗教哲學中論及的天人關係。這在　國父孫中山先生的進化學說中，已經可以看出其哲學思想發展的方向，卽是從人到神的進化開展，卽是從減少獸性到消滅獸性的修練過程。但是，在狹義的宗教意義，則是西方的基督宗教。這在　國父早年的自傳中，就明白地指出：

「至於教則崇耶穌。」⓭

在其它許多涉及宗教問題時，常以基督宗教信徒自居；就如在遭遇困難時之禱告，在倫敦被難記中，有如下記載：「惟有一意祈禱，聊以自慰，當時之所以未成狂疾者，賴有此耳。」⓮「因此予知祈禱之誠，果能上達於天，而上帝固默加呵護也。」⓯

在李士脫克所著「孫逸仙傳」第十章，記載　國父晚年的境況，說：

「一九二五年三月十一日，他病已沉重，知道要離開人世了，他坦然以堅貞的語氣，對圍著

⓭ 同註❼。

⓮ 倫敦被難記。民前十五年。國父全集，第二册第十六頁。

⓯ 同上，第十七頁。

病榻的摯友和家人說道：『我是一個耶穌教徒，受上帝使命，來與罪惡之魔宣戰，我死了，也要人知道我是一個基督徒。』到了第二天的上午九時三十分，他便溘然逝世了。」⑯

以上是有關　國父孫中山先生個人信仰宗教之事。把宗教作爲政治思想之基礎，或是以之作爲行政之動力，則有如下的言論：

「兄弟數年前，提倡革命，奔走呼號，始終如一，而知革命之眞理者，大半由教會所得來。今日中華民國成立，非兄弟之力，乃教會之功。……宗教與政治，有連帶之關係。國家政治之進行，全賴宗教以補助其所不及，蓋宗教富於道德故也。兄弟希望大衆以宗教上之道德，補政治之所不及。則中華民國萬年鞏固，不第兄弟之幸，亦衆教友之福，四萬萬同胞受賜良多矣。」⑰

「凡國家政治所不能及者，均幸得宗教有以扶持之，則民德自臻上理。……惟願將來全國皆欽崇至尊全能之宗教，以補民國政令之不逮。」⑱

這是把政治、道德、宗教三方面的關係密切化，而且以宗教的道德，來推動政治的進行；以爲政治上實踐的困難，都可由宗教來補足；甚至希望全民皆有宗教信仰，這樣，才更能使社會安

⑯ 引自浸宣出版社「國父宗教信仰」，第六八頁。

⑰ 以宗教上之道德補政治所不及。民元年九月五日。國父全集，第二冊第二六二頁。

⑱ 宗教與政治。民元年。國父全集，第二冊第三二一頁。

和樂利。

當然，宗教問題很多，首先就是正邪之分，迷信與眞正信仰之分。國父當然看見了這種情形，他說：

「世上宗教甚夥，有野蠻之宗教，有文明之宗教。我國偶像遍地，異端尙盛。」⑲

在這方面，要破除迷信，破除野蠻之宗教，而使宗教文明化，國父就用科學的新知，他說：

「古時人類的知識，多是宗教的感覺。科學的知識，不服從迷信，對於一件事，須用觀察和實驗的方法，過細去研究，研究屢次不錯，始認定爲知識。宗教的感覺，專是服從古人的經傳，古人所說的話，不管他是對不對，總是服從，所以說是迷信。就宗教和科學比較起來，科學自然較優。……至於宗教的優點，是講到人同神的關係，或同天的關係，古人所謂天人一體。依進化的道理推測起來，人是由動物進化而成，既成人形，當從人形更進化而入於神聖。是故欲造成人格，必當消滅獸性，發生神性，那麼，才算是人類進步到了極點。」⑳

所以，一方面是由宗教作爲道德之基礎，去補足政治；另一方面又以科學新知，來使宗教不

---

⑲ 同上。
⑳ 國民以人格救國。同註⑨，第五四五頁。

致陷入迷信，而成爲文明之宗教。

這樣，科學、哲學、宗教又是在合璧中完成救國救民之大業。

六

雖然，科學、哲學、宗教是可以透過道德的提升人性而合璧，甚至，政治與宗教亦應密切合作，進人類社會於和諧幸福，但是，宗教所關心的重心還是天人關係，其所追求的第一線還是彼岸的永恆，並不是此世的短暫幸福。宗教雖富有安定社會、補足政令的特點，但其終極目標畢竟還不是此生此世，而是來生來世。在另一方面，政治却是務實的，是把重點放在今生今世的福利或權力的。也就因此，政治和宗教在實踐上雖有補足作用，但却並不是要合一，而是要分離。國父說：

「查近世各國政教之分甚嚴，在教徒苦心修持，絕不干預政治，而在國家盡力保護，不稍吝惜，此種美風最可效法。」㉑

「政教分立，幾爲近世文明國之公例，蓋分立則信教傳教皆得自由，不特政治上少紛擾之原

㉑ 飭教育部准佛教會立案令。民元年三月二十四日。國父全集，第四冊第八七頁。

因，且使教會得發揮其眞美之宗旨。」㉒

在這裡，國父提出了政教分立的好處，同時亦指出了二者合一時之壞處，那就是利用宗教，來搞政治，而這政治又不是正大光明的謀求安和樂利的社會，而是在謀求政權，甚至謂，去干涉人家的內政。國父說：

「外國教士傳教中國者，或有時溢出範圍，涉及內政……即有一二野心之國，藉宗教爲前驅之諜者。」㉓

當然，政教是應當分立的，政治不要干預宗教的自由，宗教亦不應干涉別人的內政。但是，這却不說明宗教信徒與政治因此就絕緣，而是相反，教徒因爲亦是國民，自應有愛國的責任，而參與政治則是具體的愛國行爲。因此，信徒一方面愛國，一方面信教，而使二者相輔相成，這才是理想的作法。國父說：

「我兄弟姊妹，對於教會則爲信徒；對於國家，則爲國民。……爲基督徒者，正宜發揚基督之教理，同負國家之責任，使政治宗教，同達完美之目的。」㉔

㉒ 復美以美會商巽聖韋亞傑論中國自立耶教會函。民元年二月六日。國父全集，第三册第一九八頁。

㉓ 同上。

㉔ 基督教徒應發揚教理同負國家責任。民元年五月九日。國父全集，第二册第二三八——二三九頁。

七

從上面的探討看來，　國父思想所涵蓋的層面很大，其科學化的努力，亦不但在「求生存」的生活必需的問題上，提出了相應的方法，而且在哲學思想上，亦以「行易知難」的學理，來修正傳統錯誤思想的「知易行難」；甚至，還用科學的方法來幫助宗教擺脫迷信。

至於哲學的層面，不但以「良知」的呼喚，修改了物競天擇的進化學說，這是對科學層面的修正和指引；而且還在倫理道德的根源上，上接了宗教，使道德有一形上基礎。當然，三民主義形上理論的心物合一論，或是視心重於物的心物合一解說，在這裡並沒有派上用場；可是，宗教涉及的天人關係，在理論的奠立上，却是非常重要的假定。假如不設定視心重於物的心物合一論，宗教的問題就無法作爲眞理，而會被貶爲迷信。但是，事實上，　國父孫中山先生却一而再地肯定：宗教補政令之不足。

論及宗教，因爲它論到天人關係，因爲它是道德的基礎，又因爲　國父信仰的是基督教，我們也就很容易瞭解其進化的第三階段——從人到神的進化，是屬於人類進化的層次；而在這層次中，從人開始，經過「互助」的良知道德的指引，而實踐「服務人羣」的政治，而在政治所不及之處，則由宗教來補足。於是，宗教中所信仰的神，也就成爲人類進化的目標，而終於形成「神人合一」「天人合一」的境界。在這個「消滅獸性」「產生神性」的人性進化中，科學、哲學、宗教都各扮演了重要的角色。它們相互之間不但沒有衝突，反而相輔相成，相得益彰。

這種能「共存」的理念，在國父思想的體系中來說，就是「博愛」。宗教上的博愛思想，落實到政治社會中時，也就是「所有的人都像一家人一樣地共同生活」，這不就是孔子的「天下爲公，世界大同」的「太平世」？這不就是耶穌基督的地上天國？這不就是柏拉圖的理想國？

如果三民主義的理想進程，在政治的表出上是據亂世到昇平世，再到太平世的話，則其進程的每一階段，都需要上面論及的科學、哲學、宗教的參與，而且這參與還是合璧的，相輔相成的。

如果再把中國傳統政治的實踐方案，大學中的修身、齊家、治國、平天下一起來探討，則更顯示出哲學和宗教以及政治的合一；再加上前面的格物、致知、誠意、正心，也就把科學、哲學、宗教的方法，都用上了，而且都用成合璧了。

先總統 蔣公的人生觀

引論

由於各種現代化的理想和實際，我們的生活水準不斷地在提升；現代化社會中的人際關係也越來越複雜，法治社會的根本要求，也就在於「正義」的衞護，使每個人在法律之前平等，在法律之下受到保護。但是，守法的精神才是使法律成爲着實有效的動因；而守法本身，不是法律所能束縛，而是靠人生觀的建立。

中國從民國三十六年行憲開始，就正式走向了憲政時期，邁向政治社會現代化的里程，而憲法第一條就明文規定「中華民國基於三民主義，爲民有民治民享之民主共和國」。因此，三民主義的法治。就成了中國現代化指標；也因此，三民主義的人生觀，才是促進三民主義法治的動力。

三民主義由　國父孫中山先生所創建，由先總統　蔣公繼承　國父遺志所實行，而其成果就展示在臺、澎、金、馬的反共復國的基地上。臺省之所以稱爲三民主義模範省，當然是指的，臺省實踐了三民主義，而且，富有三民主義的人生觀。

國父　孫中山先生的進化人生觀、互助人生觀、服務人生觀、力行人生觀，都有了理論的基礎，而先總統　蔣公發揚光大。在這篇論文中，我們就嘗試，站在哲學的立場上，探討先總統　蔣公的人生觀。

壹、人生觀的哲學基礎

一、靜態的本體觀察

人生觀是由思想作基礎，但亦進入了信仰的階段，因而在廣義來說，是一種主義。在「無論什麼主義，都有一種哲學做基礎」❶，「三民主義的哲學基礎爲民生哲學」❷，以及「仁愛是民

❶　三民主義之體系及其實行程序。蔣總統集，第一一三九頁。
❷　同上。

生的基礎」❸的前提下，三民主義的人生觀基礎，終究要歸結到「仁愛」的道德層次。從「仁愛」出發，才會有愛心去「互助」，才會有犧牲自己去爲別人「服務」，也才有足够的動力去「力行」。

「仁愛」是一種行爲基礎，是道德規範所推動的行爲的前站；它並不是一個實體，一種存在；因此，在哲學形而上的探討中，它不是哲學的最終基礎，而那擁有「仁愛」心靈的精神，才是仁愛行爲、服務行爲、互助行爲、力行行爲的主體。這「主體」問題在本體論上是存在的階層，在倫理學上是道德主體。道德主體的行善避惡，採取服務的人生觀，是哲學上「用」的部份；而存在主體的基礎則是「體」的問題，是從之發出行善避惡行爲的基礎。

哲學基礎因而歸根究底是本體論的課題。這課題在中國哲學的探討中，向來都以人性論的探討爲出發點，去考察宇宙萬象的問題；而在西洋則用宇宙論和本體論的哲學體系，獨立去探討存在系列的課題，把哲學的「體」和「用」分開來討論，然後再由分到合，以哲學系統來瞭解宇宙和人生。

三民主義哲學既然承繼了中華道統與西洋精華❹，而其「本體論」的探討亦富有中西融通的

❸ 戴季陶著「孫文主義之哲學的基礎」，見「三民主義哲學論文集」，中央文物供應社，民國六十七年五月二十日，第二一一頁。

❹ 三民主義思想的淵源是：「集合中外各學說，應世界潮流所得」（三民主義之具體辦法，國父全集，第二冊，第四〇五頁），以及「淵源於中國固有的政治與倫理哲學正統思想，而同時參酌中國現代的國情，摘取歐美社會科學和政治制度的精神，再加以 總理他自己獨自見到的眞理所融鑄的思想體系。」（三民主義之體系及其實行程序，蔣總統集，第一一三八頁）。

味道。一般研究主義的學者，在這方面多用　國父孫中山先生的「軍人精神教育」的一段話，作爲「心物合一論」的哲學結論：

「總括宇宙現象，要不外物質與精神二者。精神雖爲物質之對，然實相輔爲用。考從前科學未發達時代，往往以精神與物質爲絕對分離，而不知二者本合爲一。」❺

從這段引述所導引出來的註解非常多，有一體論、二元論、兩面論、同一論、中立論、互變論、體用論等等❻。一來解釋心與物的關係，二來設法使它們合而爲一。當然，這「本合爲一」的理解，應該是宇宙本體方面的，可是在宇宙現象中卻出現了「心」和「物」的二元，從「本合爲一」以及「心物二元」的本體與現象的考察看來，似乎是先合後分，而且：合才是眞象，而分是現象。

可是，問題並不是溯源的問題，問及宇宙太初的原始「心物本合爲一」的狀態，而是在事實上這「本合爲一」的心和物，畢竟分開了，於是，問題的核心，在今天的人生觀課題上，絕不是如何再在本體論上，把心和物合起來，或者，在生活的具體層面上，無論什麼事情都要用「合一」的眼光來做人處世，而是相反，在「心物合一論」上所啓示出來的，根本上是「心」和「物」，不但可以分開，而且事實上亦已分開，亦卽是說，在人生具體生活中，心和物是分開的，

❺ 軍人精神教育，國父全集第二册，第四七九頁。
❻ 參閱周伯達著「心物合一論」，濱聞書舍，民國六十年五月，第二頁。

而且，這二者不但在本體上分開了，而是在運作的過程上亦是分開的。 國父在軍人精神教育同一個段落中就指出：

「精神與物質相輔爲用，卽如前述，故全無物質亦不能表現精神，但專持物質，則不可也。今人心理往往偏重物質方面……自余觀之……兩相比較，精神能力實居其九，物質能力僅得其一。」❼

因此，在「行」的實踐哲學部份，精神是重於物質的，心是重於物的，這也就是先總統 蔣公，在哲學本體論中，對心物合一論研究的成果。

先總統 蔣公對心物合一論的研究歷程，相當悠長，從民國二十四年的「爲學辦事與做人的基本要道」所主張的「一物之二象」以及「一物之二面」，經過民國三十年七月的「哲學與教育對於青年的關係」中所提出來心物合一的「太極」，再經過民國三十九年的「總理『知難行易』學說與陽明『知行合一』哲學的綜合研究」中所提出的「中立一元論」，再來就是民國四十一年的「反共抗俄基本論」的「看重人性論」，四十三年的「革命教育的基礎」的「心物一體論」，最後才作了決定性的「視心重於物」的「心物合一論」，那是民國四十四年的「解決共產主義思想與方法的根本問題」。❽

❼ 軍人精神教育，同註❺第四八〇頁。
❽ 參閱鄔昆如著「三民主義形上思想之發展」，中央研究院三民主義研究所，專題選刊，第三十六號，民國六十九年九月，第十四～十六頁。

這「視心重於物」的「心物合一論」，〕先總統直接說明，不是「心物並重論」❾。在精神和物質，靈魂和肉體合一的人性來說，精神生活重於肉體生活，也就從這「視心重於物」的原理中，導引出來了。

人生觀的哲學基礎，因而也就是「視心重於物」的「心物合一論」。

二、動態的進化研究

上面論及的「視心重於物」的「心物合一論」，作爲哲學基礎所導引出來的人生觀，是重精神的，精神重於物質的，靈魂重於肉體的。然而，在「三民主義的哲學基礎爲民生哲學」❿，而民生所涉及的，根本上是「人民的生活，社會的生存，國民的生計，群衆的生命」⓫。這些生活、生存、生計、生命，從最基本的起點來看，仍然是食、衣、住、行的根本問題，物質的需要仍然是站在第一線。因此，雖然哲學的基礎是本體論中的「視心重於物」的「心物合一論」，但是，人性的落實却是「肉體」和「精神」都同時需要生存和發展的。在理論的發揮上，肉體的需要和精神的需要，仍然可以分開來討論和處理。

---

❾ 解決共產主義思想與方法的根本問題，蔣總統集第一九二八頁。

❿ 同註❶。

⓫ 民生主義第一講，國父全集第一册第一五七頁。

也就由於有時肉體的需要和精神的需要不盡相同，因此才加深了人生觀在這方面的抉擇。如生活、生存、生計、生命，總括討論起來，最起碼的事就是保持生命，免於死亡，然後再進一步發展生命；但是，人生觀中卻會出現「死有重如泰山」，或是「視死如歸」的豪氣。這就要看哲學中靈肉關係或是心物關係的動態發展情形了。

三民主義動態的學說，在研究宇宙和人生問題上，顯然的是進化論，而這進化論又是　國父習醫受到西洋十九世紀達爾文進化學說的影響。⑫但是，　國父改良了達爾文的進化學說，首先，把後者不分層次的進化歷程，改成三階段式的進化：物質進化、物種進化、人類進化；再則，把後者以「競爭」為進化的原則，改變成物種進化適用於競爭，但「互助」才是人類進化的原則；最後，伸展出進化的目的，和政治社會理想相結合，而指出中華道統的「天下為公」，以及西洋的「地上天國」，作為進化的終極目標。⑬

這整個的進化歷程中，　國父孫中山先生設計了：由物到獸，由獸到人，由人到神的通路⑭。而在這通路的歷程中，說出了：

「由動物變到人類，至今還不甚久，所以人的本源便是動物，所賦的天性，便有多少動物性

⑫ 自傳：「於西學則雅癖達文之道」，國父全集，第二冊第二頁。
⑬ 參閱鄔昆如著「三民主義的進化理論」，收集在「文化哲學講錄」㈡，東大圖書公司，民國七十一年十一月，第一六七～一八六頁。
⑭ 國民以人格救國，國父全集第二冊，第五四四～五四五頁。

質。換一句話說，就是人本來是獸，所以帶有多少獸性，人性很少。」⑮

顯然的，獸性也好，原始的人性也好，都是需要生活、生存、生計、生命的，因而也就落實在「三民主義的哲學基礎是民生哲學」⑯的原理上。

因而，人生觀的形成，在哲學基礎上來說，就分成靜態和動態兩個面向來探討：在靜態的本體論上看，是精神重於物質的；在動態的宇宙進化上來看，則需靈魂肉體並重。當然，這並重的理由還是因爲「心物合一」；不過，爲了人類進化的目的，在個別的人看來，是由人性發展到神性⑰，在群體的社會生活看來，是由競爭的人際關係，發展到「大同世界」的。⑱問題的發生，也就在於使人性進化到神性階段中的過程，或是，減少獸性，發生人性，乃至於消滅獸性，產生神性的過程；如何在這過程中，讓本來心、物合一的「人」，在心、物分離的許多現象中，或是，在心、物疏離的許多現實中，仍然保有人生觀的理想。

貳、人生觀的一體兩面

⑮ 同上第五四四頁。
⑯ 同註❶。
⑰ 同註⑭。
⑱ 孫文學說第四章，國父全集第一冊，第四五五頁。

一個人生存在天和地之間，是人生縱的座標；一個人生活在人與人之間，是人生橫的座標。在縱的座標中，要求人能頂天立地；在橫的座標中，要求人能出人頭地。而這頂天立地以及出人頭地的理想，都相交在人生縱橫座標之中，成爲人生的指南。

人生在天和地之間的考慮，在頂天立地的志向中，發展出獨善其身的君子；而人生在人與人之間，在出人頭地的考量中，開展出人際關係，以及兼善天下的聖人。君子和聖人就是仁者，是通天地的內聖，以及通人際的外王。內聖外王之道是中華文化的精華，也是三民主義所承傳的人生最高境界；是天人合一，物我相忘的，是仁民愛物的。

一、獨善其身的君子

單就把一個人單獨地考慮，而把其人性面向的天和地之間，也就是「由人到神」的進化企求，是要減少獸性，增多人性的。無論是儒家的修身，或是道家的修練，或是佛家的修道，都是輕物質而重精神的。在人生哲學中，儒家的「一簞食，一瓢飲，在陋巷」[19]，仍然不改其樂；道家的「心齋」「坐忘」[20]會超脫自身的肉體；甚至，直接說出「大患若身。吾所以有大患者，爲吾有身；及吾無身，吾有何患？」[21]佛家的超度、涅槃，都是重精神、輕肉體的看法和做法。

---

[19] 論語雍也。
[20] 莊子大宗師。
[21] 道德經第十三章。

如果個人「獨善其身」的完美，是朝向精神的發展，而逐漸擺脫肉體的束縛，不正是「視心重於物」的表現？而且亦表現在「心物合一」的人身上？進一步，這種擺脫肉體，而讓精神發展，乃至於「消滅獸性，產生神性」，不也正是「從人到神」的進化道途？

先總統　蔣公的人生觀，在個人的修養上，的確是在發展精神生命，這精神是　先總統在研究「大學」的全部心得，那就是　國父替他書寫的對聯：

「窮理於事物始生之處，研幾於心意初動之時」㉒。

「窮理」的理解是理論部份，是認識宇宙與人生的眞象，而認識這眞象，需要把握住「太初」問題，宇宙起源以及人生淵源的課題。「研幾」是修養工夫，屬實踐哲學部份，那就是曾文正公的「養心」，以及王陽明的「存天理，去人欲」。　先總統說：

「在心意初動的時候，我們便要安靜安詳的來研究省察一番，看這件事對不對……究竟是卑鄙齷齪不可告人的呢？還是光明磊落無不可對人言的呢？」㉓

「『致良知』三個字……『如惡惡臭，如好好色』，這個惡臭與好色的良知，是人人所有的，不過要實在去惡和去好，這就叫致良知。」㉔

㉒ 科學的學庸，二、大學之道下篇，蔣總統集第九四頁。

㉓ 同上第九四～九五頁。

㉔ 自述研究革命哲學經過的階段，蔣總統集第五七九頁。

這種「修身」的根本工夫，是把握住「良知」的動向，而在行為之前抓住行為的主體。這「良知」也正是引論中所論及的天和地之間，人與人之間，縱橫兩座標的交會點，是人之所以為人的核心所在。把握住這一點，人生的觀點便有了正確的保障。

從「良知」出發的「行善避惡」的倫理規範便可建立起來，這規範的所及，承傳中華道統的人際關係，而形成了先知先覺之士對衆人的關懷和垂愛。中華文化取自道德，而道德尤其是落實到人際關係中，這就是人生觀的另一面向。

二、兼善天下的聖人

前面以良知為中心的對自己的問題，毫無疑問地，可以把心神貫注到精神生活方面，而忽視肉體的享受，過一個淡泊無華的生活，滿意於「一簞食，一瓢飲」，「食以果腹，衣以蔽體」的生活方式。可是，在群體生活中，作為一個「學而優則仕」的知識份子來說，自己的生活可以簡樸，自身可以克己耐勞，不談享受，可是，却不可以要求一般的百姓，亦度一個貧窮落後的生活。這原就是「寬以待人，嚴以責己」的美德。

道德取向的文化，落實到政治社會中時，必然會同時產生憂患意識，以及由之而生的發展和進步的構想，來改善百姓的生活，來滿足常人食、衣、住、行的問題。

人生觀的另一個面向，因此就是促進社會進步。首先要肯定的是，社會進步的標準，絕不在於聰明才智高的人，有特別好的享受，或是擁有較多的權利。這是三民主義人生觀最根本的一點，社會進步的標準，因而絕不是利用「天然淘汰」「弱肉強食」的模式，能力強的人享受較多的權利，而能力弱的人則擁有比較少的權利；這原是競爭文化，或是霸道文化的產品。在霸道文化中，強權就是公理。但是，在王道文化中，互助才是社會發展的原則，服務才是人生觀。在互助為原則的社會中，聰明才智高的人，應該為能力低的人服務；天生的聰明才智的詮釋，不是權利，而是義務。國父孫中山先生就說過：

「聰明才力愈大者，當盡其能力而服千萬人之務，造千萬人之福。聰明才力略小者，當盡其能力以服十百人之務，造十百人之福……至於全無聰明才力者，亦當盡一己之能力，以服一人之務，造一人之福。」㉕

這服務的人生觀完全由 先總統接受，並發揚光大，他說：

「革命幹部的責任是什麼呢？就是要為社會和民衆服務，要以我們死心塌地為民服務的至誠來感化一般民衆，轉移社會的風氣，要使我們 總理所說『人生以服務為目的，不以奪取為目的』的遺訓，普遍深入於全國人心。……切實做到『服務即生活，生活為服務』」㉖

有關服務的人生觀，先總統 蔣公發揮了很多，散佈在所著「本年度工作檢討與明年努力的

㉕ 民權主義第三講，國父全集第一册，第一〇四～一〇五頁。

㉖ 革命與服務之要義，蔣總統集，第一〇五三頁。

方向」，「改造地方黨務須知」，「黨員研談　總理遺教的要領」，「革命與服務的要義」，「立志爲學與服務」，「如何加強官兵教育」，「童子軍教師應有之認識與努力」等處。

「服務」的精神，很顯然地不是「利己」的，而是「利他」的，而在不爲己，而利他的情況之下，勢必會遇到「犧牲」的情事；這「犧牲」的精神，於是亦成了人生觀另一層次的肯定。

先總統先是提出了：

「革命就是犧牲，犧牲就是服務。」㉗

繼則把範圍擴大，擴大到人的整體生命中，他說：

「我們既爲一個人，一年三百六十五天，每天都要爲公衆服務，服務就是助人，助人才能服務，而先決的條件，則在於能犧牲自己，如果能够犧牲自己，那就無論遇到任何困難和危險，都必一本至誠，貫徹到底，不達目的不止的。」㉘

從「互助」到「服務」，再從「服務」到「犧牲」，指出了人群社會發展和進步的規律。人類的進化在形式的運作上是「從人到神」，在社會發展中，則是從人際關係的互助，發展到太平世。然而，從其運作的過程上看，則是從互助的行爲，經服務的熱忱，到犧牲的精神。犧牲是捨

㉗ 同上。

㉘ 童子軍教師應有之認識與努力，引自金平歐等編纂「三民主義辭典」，中華叢書。民國四十五年十一月，第四八三頁，「犧牲」條。

己爲人的行爲，而是使人類社會進化的條件。犧牲精神的意義，也就在於：

「七十二烈士的革命犧牲精神，亦就是耶穌在當時向着極權暴政和黑暗社會作革命鬥爭一樣的精神。耶穌被釘死在十字架上，過了三天，又死而復活的這一史實，到現在已經過了一千九百三十年之久，世人與基督敎徒都在崇拜這一位爲拯救世界人類及其民族同胞而不惜犧牲其生命而復活的耶穌，所以年年都在這復活節，來紀念其救人救世的至高無上偉大精神。我們亦爲了要發揚光大黃花岡七十二烈士所代表的救國家危亡，救人民痛苦，不惜犧牲其自我生命的革命精神，慷慨成仁，從容就義，終於激發了全國同胞愛國的熱情，奠立了辛亥革命，創造中華民國的基礎。」㉙

這是由「死」到「生」的道路，是「出死入生」㉚，是由少數革命先烈的「死」，換取得全國人民的「生」，是由耶穌基督一人的「死」，換取全人類的「生」。因此，服務犧牲的精神，所犧牲的竟是自己的性命；但是，由於「出死入生」的事蹟，「死亡」換取了更多的生命。正如聖經所說的：

「一粒麥子，如果不落在地裡死了，終究只是一粒，如果落地死了，才會結出許多麥粒來。」㉛

㉙ 耶穌基督復活節證道詞，民國五十三年三月廿九日，蔣總統最近言論選集，國防研究院印行，張其昀主編，民國六十年六月，第三一四頁。
㉚ 同上第三一五頁。
㉛ 約翰福音第十二章第二十四節。

生命的奧秘也就隱藏在這「生與死」之間，人生哲學的智慧，也就是曉得如何「以吾人數十年必死之生命，立國家億萬年不朽之根基。」㉜，或者「生活的目的在增進人類全體之生活，生命的意義在創造宇宙繼起之生命」㉝。

這種「出死入生」的「死亡與復活」的意義，也就是從道德的人生觀，進入到宗教的人生觀範疇：在死亡中相信復活：

為有信仰的人，死亡不是生命的結束，而是另一個生命的開始。

能够透視死亡，而找到永生，犧牲的動機也就無限地提升；成仁就義的決心也就更加堅定。上面提及的互助、服務、犧牲都不祗是人生觀的理論，而貴在實踐。這實踐的理論落實下來，就是「力行哲學」，就是力行的人生觀。

無論從中國古代傳統的「知之非艱，行之惟艱」㉞，或是後來的「知行合一」㉟，或是當代的「行易知難」㊱都濃縮在「力行」的實踐哲學範疇中。

㉜ 易蘇民著「國父思想通論」，昌言出版社，增訂十二版，民國六十五年八月修訂版，第一三三頁。

㉝ 自述研究革命哲學經過的階段，蔣總統集，第五八一頁。

㉞ 書經說命中。

㉟ 王陽明，傳習錄中。

㊱ 孫文學說、自序，國父全集第一册，第四一九～四二二頁。

國父　孫中山先生在「行易知難」的學說中，就作了明確的結論：

「人類之事仍不能悉先知之而後行之也；其不知而行之事，仍較於知而後行者爲尤多也。且人類之進步，皆發軔於不知而行者也。……故人類之進化，以不知而行者爲必要之門徑也。……由是觀之，行其所不知者，於人類則促進文明，於國家則圖致富強也。是故不知而行者，不獨爲人類所皆能，亦爲人類所當行，而尤爲人類之欲生存發達者之所必要也。有致國家富強者，宜勗勉力行也。」㊲

這樣，力行哲學證自「行易知難」，而知行問題的開展，又奠基於宇宙進化的軌跡，國父　孫中山先生從這原則的理論探索中，結論出「力行」的原理。先總統　蔣公更進一步，將之發揚光大。他說：

「關於『力行』這方面的話，總理已經講得很多，一部『知難行易』的孫文學說，可以說就是啓示我們革命要『力行』的道理。」㊳

更在「行的道理（行的哲學）」中，指出行的哲學爲唯一的人生哲學，乃至於說出「行就是人生」，「行就是本性」，同時更指出：行的目的在增進人類生活、群衆生命、民族生存、國民生計；更寶貴的，是指出了行的四大要件，卽是：要有起點，要有順序，要有目的，要經常不斷

㊲　同上第七章，國父全集第一册，第四八〇～四八一頁。
㊳　三民主義之體系及其實行程序，蔣總統集第一册，第一一四一頁。

地行。㊴

要去實踐互助、服務、犧牲，要去爲民生問題操心、設法。這也正是中華道統中知識份子的憂患意識所表現的性格。道德取向的哲學體系，在力行哲學中，推動着「仁民愛物」的原則，使其落實到人世間。

結論

社會發展，在中國傳統文化到當代文明的歷史綫索中，許多人非常簡化地說成是：從農業社會到工商業社會；並且設法以這種人際關係結構的變遷，來懷疑，甚至否定傳統的倫理規範。其實，正如上面所探討的，人生觀有其兩面性：個人的服務、犧牲、力行，都不是利己的，而是利他的，而是爲群體大衆，爲社會整體的。而工商業社會的發展，固然首要在表層的「競爭」的能力，但是，若在哲學基礎上，往深一層去看，爲了要有「競爭」的能力，內部必須要有高度的合作和「互助」，才足以和別人「競爭」；所有的工商管理的原則，都莫不是以自身的整體合作「互助」，在強化自身，然後才能與別人「競爭」。

在組織系統化的工商業社會中，個人仍然需有「服務」、「犧牲」、「力行」的精神，好能

㊴　行的道理（行的哲學），蔣總統集第一册，第一一〇八～一一一三頁。

在群體生活中發揮「互助」的特性，來強化組織或系統，人生觀在農業社會比較重家庭、家族的情形中，轉移到工商業社會比較重社區、結社的情況時，更需要有服務、犧牲、力行，否則，社會無法發展和進步，家庭與個人在這落後的社會中，生活亦不好過。

當然，如何運用自身的「君子」性格，以及如何去發揮「聖人」的特性，則是社會道德所必需努力闡明的地方。這已不是本文討論的範圍。

原則上，個人的「獨善其身」的原則，重精神生活的規範，以成為「君子」，則無論在農業社會，或是工商業社會，都是不變的；個人在內修上，成為「自己是自己的主人」，生活得問心無愧，生活得頂天立地，那是做人的根本，是超越任何時空和環境的。再來就是人際關係，要如何在互助、服務、犧牲、力行中，參與群體的生活，使社會發展到「太平世」，或「地上天國」，亦是不變的原則，至於用農業社會，或是工商業社會的模式，或是二者合作的模式，都是次要的環境問題。

先總統 蔣公在繼承 國父孫中山先生的遺志，的確在人生觀上，奠定了可以適用於任何時代，任何地方的規範。這種人生觀，不但可以推動社會發展和進步，更重要的是使每個人，能生活得心安理得，心中常存悅樂的精神。

當今總統蔣經國先生，當其在救國團主任上時，在澎湖給戰地服務隊員，講過下面的一段話：

人有兩種，一種人手心向上，另一種人手心向下。手心向上的人，一早起來就想到別人比自己得到的多，上天對他不公，他整天都伸手向別人要這要那，以爲社會欠他，國家欠他，他還有許多應享而未享的權利。這種人的心靈是乞丐。另一種人則不同，他們一早起來，就細數自己從頭到腳的恩惠，以爲許多人都不如自己，自己所獲得的的確太多太多，因而整天都想着如何去幫助別人，把自己的能力貢獻出來服務大衆，服務社會。這種人心靈豐饒，生活樂觀進取，青年人應該學習後面這種人生觀。㊵

很簡單的一篇講話，把三民主義人生觀的精華，全部包括了進去，裡面包含了互助、服務、犧牲、力行，而同時指出競爭、自私等毛病的害處。

人生觀本來就是從最小的事情上，從日常生活的生命態度上開始力行，而其成果，則是發揚了宇宙生命，人類整體生命。

㊵ 參閱鄔昆如著「手心向下的啓示」，幼獅通訊社稿，第九六二〇期，民國七十三年八月三十日，第一～二頁。

先總統　蔣公的政治哲學

緒論

中國當代政治的發展，以能發揚光大中華傳統文化，又能兼容西洋精華的，首推三民主義的政治思想。而三民主義理論首由　國父孫中山先生所創立，後經先總統　蔣公所補足，並在臺、澎、金、馬，將理論落實，而建設了以三民主義爲本的模範省，爲以三民主義統一中國的理想鋪路，達到「以建民國」的目標，進而邁向「以進大同」的政治終極理想。

當然，這種濃縮的政治運作，並不是一蹴就成的，更不是自然發展的現象，而其間進程是歷經艱苦困難，由英明領袖指導，由全民的認同和共識的配合，才有今天的成果的。原來，　國父孫中山先生領導的國民革命成功之後，中國仍然陷入於新的內憂外患之中；內憂是軍閥割據，外患是日本侵略。這內憂和外患的直接影響，不但給中國帶來了災難，更重要的却是：在積極上無法實踐三民主義的文化理想；在消極上則是受到了馬列主義的毒害。

國父孫中山先生在民國十四年，積勞成疾，病逝北京。先總統　蔣公繼承遺志，領導北伐，統一中國；繼而領導抗日；除內憂，禦外患。但是，就在全民在領袖領導下抗日之時，共產黨坐大；致使軍閥被打倒了，內憂平定了，日本投降了，外患消除了；但是，共產黨却成了前所未有的內憂。因爲，軍閥的內憂，和歷史傳統上的其它內憂一般，祇是在權利權力之爭，由兵荒馬亂造成了民不聊生而已。可是，共產主義不但領導着暴亂，而是在根本上摧殘傳統文化，腐蝕人性。

民國三十八年，大陸沉淪於共黨之手，先總統　蔣公領導軍民播遷來臺，生聚教訓，三十年來，把臺、澎、金、馬建設成三民主義模範省。

國父孫中山先生創造了三民主義；

先總統　蔣公實踐了三民主義。

在實踐三民主義的運作上，是從軍政時期經過訓政，抵達憲政時期。而在補足三民主義理論體系上，完成三民主義民生主義育樂兩篇補述，完成進化論的完整體系，並且給予形而上的基礎，貫通「知難行易」與「知行合一」的學說，自創「力行哲學」。

壹、著作

先總統　蔣公有關政治哲學的著作很多，都收集在「蔣總統集」內。❶其中哲學性比較濃厚的有：

民生主義育樂兩篇補述❷

三民主義的本質❸

總理「知難行易」學說與陽明「知行合一」哲學之綜合研究❹

---

❶ 蔣總統集，國防研究院、中華大典編印會合作出版，民國四十九年十月臺初版，民國五十七年三月三版，分一、二兩冊，第一冊專著與部分演講，第二冊續演講以及書告、談話、雜著、附錄，凡二千六百二十四頁。

❷ 民生主義育樂兩篇補述，是補足　國父孫中山先生三民主義十六講的民生主義部分，發表於民國四十二年十一月。內容是第一章序言，廣論社會建設的原則；第二章育的問題，分生育、養育、教育三節；第三章樂的問題，討論生理與心理的康樂；第四章結論，說明民生的物質與精神條件以及最高理想。集第五四一——七九頁。

❸ 三民主義的本質，是民國四十一年七月七日在夏令講習會的演講稿，演講中界定了民生主義的涵義是科學，民權主義的涵義是民主，民族主義的涵義是倫理。集第一八四一——一八五〇頁。

❹ 總理「知難行易」學說與陽明「知行合一」哲學之綜合研究，是民國三十九年七月三十日在陽明山莊的演講稿，演講中分別陽明的知是良知，而　總理的知是知識，二者重點不同，其重實踐則一。集第一七一八——一七二二頁。

三民主義之體系及其實行程序❺
解決共產主義思想與方法的根本問題❻
國父遺教概要❼
科學的學庸❽
反共抗俄基本論❾
三民主義要旨與三民主義教育之重要❿

❺ 三民主義之體系及其實行程序，是民國二十八年五月七日的演講稿，指出三民主義的哲學基礎是民生哲學，指出其實踐程序爲軍政、訓政、憲政，指出其目標則是天下爲公。集第一一三八——一一四五頁。

❻ 解決共產主義思想與方法的根本問題，是民國四十四年一月十日演講稿，內容是哲學集大成之作，以「破」共產唯物思想，以及「立」三民主義學說極重要之講稿。其中界定了宗教中「敬天」的思想，同時道出了「視心重於物」的「心物合一論」的課題。集第一九一八——一九三二頁。

❼ 國父遺教概要，是民國二十四年九月所發表的專著，共六講，其中第四講心理建設之要義，第五講社會建設與民生哲學之要義，哲學意味甚重。集第一——五三頁。

❽ 科學的學庸，是民國二十三年九月十一日在廬山軍官團首次講，至民國五十二年八月在陽明山第四次訂正，其中解釋大學和中庸二書的哲學理論，論中對王陽明意見引用特多。集第八十一——一一七頁。

❾ 反共抗俄基本論，是民國四十一年十月發表的專著，其中「破」共產主義，「立」三民主義的輪廓相當清楚，尤其界定了人類進化以及民生史觀二大課題，集第二三二——二六二頁。

❿ 三民主義要旨與三民主義教育之重要，是民國十六年一月在江西教育講習會演講稿，其中指出民族主義的精義是從民族革命到大同世界，民權思想在打倒軍閥，伸張民權，民生主義則在於平均地權，節制資本。集第四八一——四八五頁。

自述研究革命哲學經過的階段⓫
革命哲學的重要⓬
軍人精神教育之精義（一）（二）（三）⓭
總理生平之根本思想與革命人格⓮
革命軍人的哲學提要⓯

⓫ 自述研究革命哲學經過的階段，是民國二十一年五月十六日在南京中央軍官學校演講稿，其中把哲學定義爲「窮理於事物始生之處，研幾於心意初動之時」，同時把人生哲學界定爲「行」的哲學，這行的人生觀就是「生活的目的，在增進人類全體之生活；生命的意義，在創造宇宙繼起之生命」。集第五七八——五八二頁。

⓬ 革命哲學的重要，是民國二十一年五月二十三日在南京中央軍官學校演講稿，強調中國傳統精神的「國魂」，把實踐的德行融洽在國父思想與大學三綱領中。集第五八二——五八七頁。

⓭ 軍人精神教育之精義，是民國二十二年九月十二日、十七日、十八日的演講稿，分述仁者無敵，忠誠樸拙，爲三民主義信徒等意義。集第六九五——七〇九頁。

⓮ 總理生平之根本思想與革命人格，是民國二十三年三月十二日在江西省黨部演講稿，特別推介戴季陶先生所著「孫文主義之哲學的基礎」，指出三民主義之哲學基礎是民生哲學，而仁愛是民生的基礎。集第七四〇——七四三頁。

⓯ 革命軍人的哲學提要，是民國二十三年七月二十三日在軍官團總理紀念週的演講稿，以「仁」爲中心，發展知行合一以及知難行易之哲學。集第七七八——七八二頁。

如何建立民主政治⑯
行的道理⑰
革命教育的基礎⑱
對孔孟學會成立大會致詞⑲

貳、哲學思想

先總統　蔣公的哲學思想，以繼承　國父思想爲職志，並能完成三民主義哲學的體系，以自己的創見，補足　國父哲學未完成的部分。

---

⑯ 如何建立民主政治，是民國二十八年二月二十一日的演講稿，指出軍政、訓政、憲政的實踐程序。集第一〇九九——一一〇二頁。

⑰ 行的道理，又名行的哲學，是民國二十八年三月十五日的演講稿，發展力行哲學，指出行的要素是智仁勇，行的原動力是誠。集第一一〇八——一一一三頁。

⑱ 革命教育的基礎，又名革命哲學入門，是民國四十三年七月五、十二日在陽明山莊的演講稿，提出哲學的定義問題，貫通知難行易與知行合一的學說。集第一八九七——一九一二頁。

⑲ 對孔孟學會成立大會致詞，是民國四十九年四月十日的演講稿，其中讚揚孔孟學說之偉大，並指出三民主義思想是承傳孔子的「大道之行，天下爲公」，孟子的「樂以天下，憂以天下」。集第二〇三九——二〇四〇頁。

我們且分三個面向來探討：

一、動態宇宙的圓融：　國父孫中山先生以其生物學的專業知識，首先認同了達爾文的進化論⑳，但却加入了道德因素，而把進化分成三期，即物質進化、物種進化、人類進化順序的三期㉑，而且認爲西方之進化原則的「競爭」，祇是進化前二期的現象，而第三期的人類進化，則以「互助」爲原則㉒。而在宇宙動態的、進化的解說下，第一期物質進化源自「太極」，第三期人類進化的終點，一方面是政治社會的「大道之行也，天下爲公」，以及宗教性的「爾旨得成，在地若天」㉓；但在另一方面則是「由人到神」的進化，是「依進化的道理推測起來，人是由動物進化而成，既成人形，當從人形更進化而入於神聖。是故欲造成人格，必當消滅獸性，發生神性。」㉔這樣，由「太極」開始，到「神性」終了，是動態的、進化的宇宙描繪；這描繪是直線性。

⑳ 早在民前十六年　國父「自傳」中，就表明了「於西學則雅癖達文之道（Darwinism)。」見國父全集，中國國民黨中央委員會黨史委員會編訂，民六十二年六月出版，第二冊第二頁。而在民國八年出版之「孫文學說」中，更述說了：「進化論乃十九世紀後半期達文氏之『物種來由』出現而後，始大發明者也。……自達文之書出後，則進化之學，一旦豁然開朗，大放光明，而世界思想爲之一變。」見國父全集，第一冊，第四五四頁。

㉑ 國父全集，第一冊，第四五五頁。

㉒ 同上。

㉓ 同上。

㉔ 同上第二冊，第五四四頁。

的，有開始，有終了。至於怎麼開始？終了之後怎樣？或是說，這開始和終了之間是否有什麼關係？ 國父思想中並沒有交待清楚。再如「太極」的開始，在哲學的形上意義上，如何去認定？它是否自己本身存在的原因？或是說：它是否自有的？這些問題， 國父都沒有哲學性的答案。

我們用一表解，可以看出 國父宇宙進化體系的藍圖。

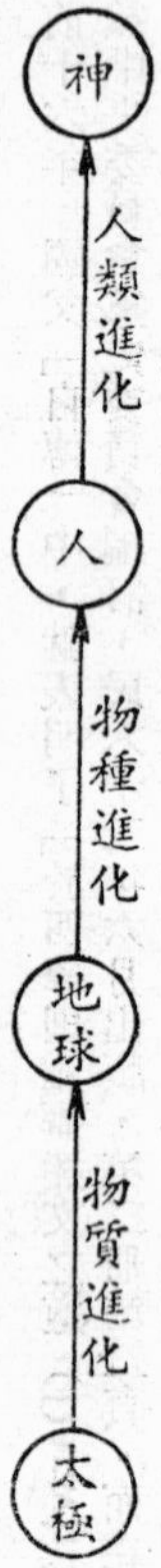

在這表解中，我們可以看出進化的三階段：物質進化、物種進化、人類進化；同時可以瞭解從太極開始，經地球的形成，到人類的出現，乃至於神性的完成；這一系列的、動態的進化理論，的確是從元素的層面，經由物質，到生命，到精神，乃至神性境界，是一種進步和發展的描述，完全符合「進化」的意義。可是，這意義祇是在生物學上展示出來，解釋了進化的現象，但沒有觸及進化的原因，沒有觸及進化的哲學意義。在哲學尋根的意義上看來，存在階層最高的神性，如果祇是進化之最後結果，而不是推動整個進化的原因；亦卽是說，如果神性不能超脫於進化系列之外，作爲進化事實的原動力，而在進化的行爲尚未開始之前，就早已「預定」或「潛有」進化的內存力量，則一方面無法解釋進化現象之所由來，他方面無法說明每一期進化的目的性。但是，依 國父所描述的進化理論，進化的行爲是有目的的，同時，進化的事件亦是有開始的

。這目的性、這始源性都在要求解釋「神」在整體進化中所扮演的角色。㉕

先總統　蔣公在這裏，用他多年研究哲學的心得，加上其深厚的宗教信仰，終於在架構哲學的體系上，找到了答案，那就是：

「太極就是神，就是上帝。」㉖

「在西方來說，這獨一無二的『絕對』，就是指創造宇宙萬物之主——上帝（神）。若依照我們中國哲學來說，那就是指『太極』——上天（神）。」㉗

這麼一來，先前　國父孫中山先生的宇宙進化觀，就從直線式的，變成了循環廻歸式的，而「神」的伊始，同時是終了。以下圖示之：

物質進化始自「太極」，終於「地球」的形成；物種進化則從地球中生起的「生元」開始，發展到「人」的形成爲止；第三期之進化則是從「人」開始，而達到「神」性爲止；而「神」與「太極」則是等同的。因而，進化始自神性的規劃，結束於回歸到神性爲止。

在這三期次的進化發展進程中，物質進化是從「太極」開始，是爲：

㉕ 參照鄔昆如著三民主義哲學，國立編譯館主編，中央文物供應社印行，民國七十年五月二十五日出版，第一九四頁。

㉖ 解決共產主義思想與方法的根本問題，蔣總統集第一九一九頁。

㉗ 同上。

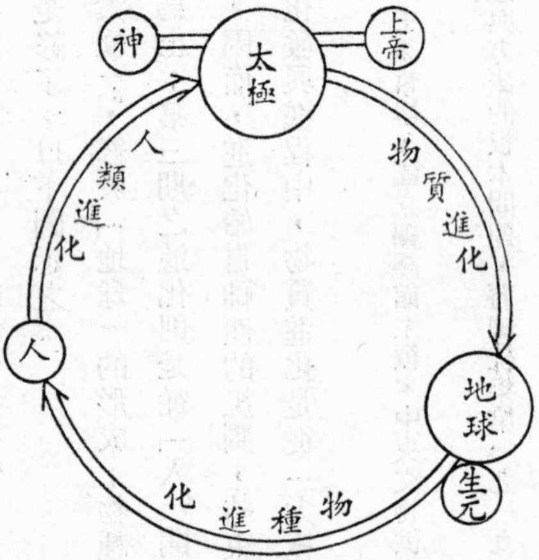

㉘

「元始之時，太極（此用以譯西名伊太也）動而生電子，電子凝而成元素，元素合而成物質，物質聚而成地球，此世界進化之第一時期也。」㉙

這第一時期的進化，都是物質性的，是物理化學之變化，缺乏情意，亦無所謂「併吞」「侵占」等情事發生，祇有元素相互間的分合，故無所謂道德。

㉘ 參閱鄔昆如著三民主義的進化理論，收集在文化哲學講錄(二)集中，東大圖書有限公司出版，民國七十一年十一月初版，第一七七頁。

㉙ 國父全集第一冊，第四五五頁。

第二期的進化則以地球爲根據地，而其間發生的「生元」可算是生命的開始；故第二期進化遠較第一期爲複雜。

「由生元之始生而至於成人，則爲第二期之進化。物種由微而顯，由簡而繁，本物競天擇之原則，經幾許優勝劣敗，生存淘汰，新陳代謝，千百萬年，而人類乃成。」㉚

這一期的進化是生物進化，是弱肉強食的、物競天擇的、優勝劣敗的；生物彼此之間互相吞

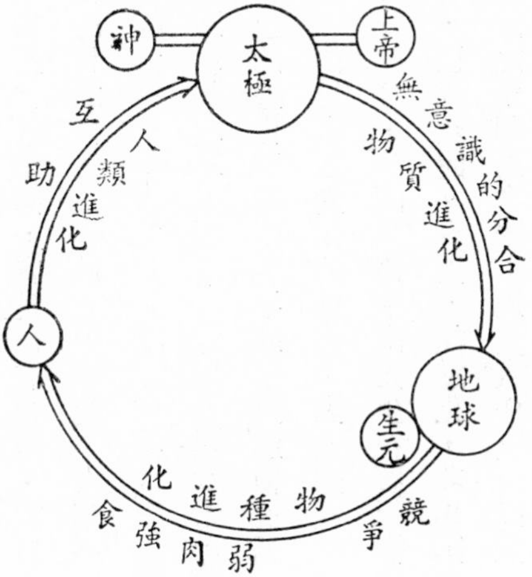

註
㉚ 同上。

嗡，以衞護並發展自身的生命。生物進化的這種情形，全靠天性，無所謂善惡，無所謂責任，因而亦無所謂道德。

但是，到了第三期進化就不同，它是從有意識、有自由、有自覺、有是非觀念、有善惡知覺的人類開始，它進化的目的當然是「神」，但是，人却可以運用自己的自由，枉用進化的發展和進步，而不向着「神」發展，不以「仁愛」和「互助」的原則去生活，反而提倡仇恨，參與鬥爭。這原就是西洋進化論的偏失之處，以爲全面的進化過程都是「競爭」的、弱肉強食的。國父孫中山先生在自己的進化學說中，早就反對這種論調，而用中華文化傳統的「仁愛」，以及基督宗教的「博愛」，作爲人類進化的動力，去推動「互助」的原則。

早在民國元年五月七日，國父孫中山先生在廣州嶺南學堂演講時，就指出：

「物競爭存之義，已成舊說。今則人類進化，非相匡相助，無以自存。」㉛

其後又在「求建設之學問爲全國人民負責任」（民國元年八月三十日）、「社會主義之派別及方法」（民國元年十月十一——十三日）、「周應時戰學入門序」（民國三年六月）、「行之非艱，知之惟艱」（民國六年七月二十一日）等篇章中，指出人類進化的原則是「互助」，而不是「競爭」。

㉛ 非學問無以建設，國父全集第二册，第二三八頁。

在「孫文學說」中，有了決定性的結論：

「人類初出之時，亦與禽獸無異，再經幾許萬年之進化，而始長成人性，而人類之進化，於是乎起源。此期之進化原則，則與物種之進化原則不同，物種以競爭爲原則，人類則以互助爲原則。」[32]

這樣，在動態的宇宙觀中，進化的情形可由下表中窺見：

這種動態圓融的宇宙，委實是宇宙論中，每一個單位都向着「神」性發展，才算達到進化的最終目的。但是，進化第三期中，人類進化固然解釋了每個人的最終歸宿，但却沒有涉及到羣體的目標；於是， 國父在這裡，再加上第三期進化的目的：

「人類進化之目的爲何？卽孔子所謂『大道之行也，天下爲公。』，耶穌所謂『爾旨得成，在地若天。』此人類所希望，化現世之痛苦世界，而爲極樂之天堂者是也。」[33]

於是，進化之終極，在個人來說，是進化成「神」，在羣體來說，是進化到「天堂」，進化到「大同世界」，這顯然地集古今中外思想之大成。先總統 蔣公完全認同這思想的結論。[34]

二、靜態本體的默觀：從上面動態宇宙的圓融看來，宇宙的確是生生不息的，而其生命根本

---

[32] 國父全集第一册，第四五五頁。

[33] 同上。

[34] 這裡說的認同，完全表現在「民生主義育樂兩篇補述」中，參看蔣總統集，第七九頁。

是神性的生命，充塞着整個宇宙，因此才擁有目的性，向着個人的完美以及社會的完美發展。

這種美善的構想當然是哲學的「應然」，不一定是事實的「實然」，亦卽是說，在宇宙進化途中，並不是必然向着美善進行的，它可以由於人性的愚蠢，而擾亂了社會秩序、人生秩序，而妨害了進化之道。於是，需要人爲的努力，跟隨中國傳統的方法，用修身、齊家、治國、平天下的漸進原則，來實踐動態宇宙觀的理想。「科學的學庸」也就在這方面發揮了它的內在涵義。㉟

如此，依循哲學的研究方法，在探討了動態的發展進程之後，就要進入靜態的本體問題，來把握宇宙的眞象。也卽是說，在浩翰的宇宙中，在生生不息、不斷變化的萬事萬物中，究竟什麼是不變的，是永恆的？或是說，構成宇宙的最根本元素是什麼？

這就是本體論的課題。

三民主義的本體論，大家都曉得其創始人 國父孫中山先生，旣不偏於唯心，又不偏於唯物，而開創了心物合一論的學說。在軍人精神教育中，有一段話常被引述：

「總括宇宙現象，要不外物質與精神二者。精神雖爲物質之對，然實相輔爲用。考從前科學未發達時代，往往以精神與物質爲絕對分離，而不知二者本合爲一。」㊱

當然，這裡提出的「二者本合爲一」，與前面提出的「宇宙現象，要不外物質與精神二者」，

㉟ 同註❽。

㊱ 軍人精神教育，國父全集第二册，第四七九頁。

顯然的就是：在現象界有物質，有精神；而在本體界，則是本合爲一的。哲學上的問題是：先有心物的合一體，然後由於感官世界的存在，而有了物質與精神二者，或是，先有現象界的物質和精神二元，而後才合成心物合一？這「本合爲一」的「本」字，如果以存在的次序來瞭解，那就是本體先於現象，宇宙的根本是心物合一；如果用認知的次序來瞭解，則現象先於本體，是人的智力把二者合而爲一的。

現在的問題，不單是宇宙問題，而是人生問題亦在其中；人是宇宙中一分子，它的一切都無法離宇宙而獨立；因此，站在人的立場去瞭解精神的物質的問題，也是必需的，因而，國父也早就提出了這點，他說：

「在中國學者，亦恆言有體有用。何謂體？卽物質。何謂用？卽精神。譬如人之一身，五官百骸皆爲體，屬於物質；其能言語動作者，卽爲用，由人之精神爲之。二者相輔，不可分離，若猝然喪失精神，官骸雖具，不能言語，不能動作，用既失，而體亦卽成爲死物矣。由是觀之，世界上僅有物質之體，而無精神之用者，必非人類，人類而失精神，則必非完全獨立之人。雖現今科學進步，機器發明，或亦有製造之人，比生成之人，毫髮無異者，然人之精神不能創造，終不得直謂之爲人。人者有精神之用，非專持物質之體也……兩相比較，精神能力實居其九，物質能力僅得其一。」[37]

[37] 同上第四七九——四八〇頁。

在以人爲角度來看「心物合一論」時，字面上確實有「物體心用論」之說㊳，或者，至少是「物心綜合論」㊴了。但是，如果細看整篇的精神，似乎又不是偏於物質的「心物合一」，倒是有點偏於精神的「心物合一」。因此，在消極上就有學者，以爲「物體心用論」，是曲解了國父思想的原義，而有唯物論之嫌。㊵而先總統　蔣公，在這方面提出了決定性見解，那就是「視心重於物」的「心物合一論」。他說：

「我們中國『天人合一』哲學思想，乃是承認了『天』的存在，亦就是承認了『神』的存在。故『天曰神』，又曰『神者，天地之本，而爲萬物之始也。』這個觀念，自然和共產匪徒無神論者唯物主義的觀點是水火不能相容的。然則天與神究竟是什麼？其與人的關係又如何？中庸說：『天命之謂性，率性之謂道。』又曰『上天（神）之載，無聲無臭至矣。』詩經大雅說：『無聲無臭，昭事上帝（神），上帝（神）臨汝，無貳爾心。』這就是天卽神，天卽心與『天人合一』的證明……所以孟子曰：『大而化之之謂聖，聖而不可知之之謂神。』這是體認中國正統哲學思想的起點，也就是心物合一體論的根源……。

㊳ 參考任卓宣著「孫中山哲學原理」，帕米爾書店印行，民七十年九月再版，第二二九頁。
㊴ 同上第二二三頁。
㊵ 參閱周伯達著「心物合一論」，濱閩書舍印行，民六十年五月初版，第七頁。

何以說『天人合一』的哲理，就是『心物一體』論的根源？要瞭解這個問題，必須追溯中國哲學思想中一貫相傳的道統。……

綜合上述，可見中國傳統哲學思想，乃導源於『天人合一』的觀念。不過這個觀念，自然『視心重於物』的。惟這『視心重於物』的觀念，正是『心物一體』論的特點所在，亦可以說，這是『心物一體』論的原則……由此可知心物一體論，並不是心物並重論。……」[41]

這是先總統 蔣公在研究中國哲學的心得中，以「天人合一」的理念，來瞭解「心物合一論」的涵義，其中最重要的部分，還是在傳統中國哲學形上思想的理解；而在這種理解中，「天」的意義界定爲形上實體，而與基督宗教中的「神」互相發明。亦卽是說，用宗教哲學的原理，去理解本體的原義，而用「精神」內在於物質，但同時亦領導物質，以解釋「心物一體」時的各種運作。這種解釋很顯然的，才是眞正理解 國父所說的那句「精神能力實居其九，物質能力僅得其一」的精義。

國父在「軍人精神教育」中，所提及的「心物本合爲一」，舉出了「物體心用」的許多比方，而且亦列出了許多事例，說明沒有精神，物質就起不了作用；這也正預示了「視心重於物」的學理；文中並沒有任何一處，指出沒有物質，精神就無從發揮等字眼，因而亦可見其基本原

---

41 解決共產主義思想與方法的根本問題，蔣總統集第一九二七——一九三〇頁。

理，不在於「心物並重」，當然亦更不會是形上意義的「物體心用」，有偏於唯物的嫌疑了。

問題的核心，也就是「視心重於物」的「心物合一」論，是否「既不偏於唯心，也不偏於唯物」？或是，是否「視心重於物」就是偏於唯心？

上面 國父孫中山先生的學說，以及先總統 蔣公的註釋，很清楚地是排除了「視物重於心」的「物體心用」論，但是否演變成了偏於唯心的色彩？

當然，若看 國父對「心物一體」的解釋「精神能力實居其九，物質能力僅得其一」，以及先總統對「心物一體」的註釋，「視心重於物」，應當是在「心物合一」論中，偏向於精神一方的。精神重於物質，無論是站在宗教的立場，或是站在倫理道德的立場，乃至於站在生物學的立場，都會得到認同和共識。

先總統 蔣公的「視心重於物」理解，也就是一方面站在有神論的宗教立場，他方面站在中華道統的倫理道德立場來立論。其立論的宗旨也就是在立三民主義的形上學，破共產唯物的邪說。

先總統 蔣公形上學的立論是有其政治哲學作背景的。而這政治哲學則由中國傳統形上學來支持。在中國形上學的高峯處，配合以西洋精華的宗教哲學的形上基礎。

這樣，「視心重於物」的「心物合一」，是宇宙的本體，這本體的靜態瞭解，是「精神能力實居其九，物質能力僅得其一」。

從這靜態本體的默觀，再回過頭來，來看動態宇宙的圓融時，才眞正發現，整個宇宙進化的進程，都是向着「精神」處開展，是「從物到獸，從獸到人，從人到神」，神性的企求才是進化的終極目標；而這神性的落實，也就是仁愛、互助的「天下爲公、世界大同」的社會，是「爾旨得成，在地若天」的地上天國。顯然的，太平世以及地上天國都是精神所開展的產物，它絕不是物質的結構所足以擔負的。

在動態宇宙的觀察時，所見到的，無非都是物質，而物質世界佔了存在界的大多數。可不是嗎？放眼去看穹蒼山河，那都不是物質？就是鳥獸蟲魚，都不是由物質構成的肉體？乃至於人體百骸，不都是物質所構成？精神在那裡？精神佔有多少空間？但是，　國父仍然要說「精神能力實居其九，物質能力僅得其一」，先總統　蔣公仍然要說「心物一體論的特點和原則，都是視心重於物」。這樣，現象界所呈現出來的，我們感官所接觸到的，都不是我們思想所理解的。現象界物質多於精神，但是，思想所領悟的，則是精神勝於物質。

有關心物合一的學說，於是決定在「視心重於物」之中，其它如「心物並重」「心物並行」，都沒有眞正解釋心物合一的原義。

三、力行哲學的開展：上面兩個面向站在動態以及站在靜態的立場，認淸了宇宙的眞面目：是不斷向前發展和進步的，是精神重於物質的，這是所有思想的原則和基礎。現在，把問題落實下來，究竟人生在世，應如何來善度一生？如何在靜態的宇宙原理中，度一個精神重於物質的生活？如何在動態的宇宙進化原則中，向着神性發展？向着太平世、地上天國邁進？

這就是實踐哲學的課題。

如果把進化的宇宙觀，以及把視心重於物的心物合一論，作爲理論哲學；而這一面向的「行」的問題，就成了實踐哲學的課題。

在「行」的問題上，因爲是中華道統，中國傳統哲學倫理道德問題的核心，因而也探討得特別深入。

國父孫中山先生首先就在「建國方略」一開始，就提出「心理建設」，而這「心理建設」就是「孫文學說」，其中開展了「行易知難」的理論。這其中因爲是在提出「建國方略」，認爲在「物質建設」「社會建設」之先，應該先從「內心」的認同和共識做起，這也就是「心理建設」擺在「物質建設」以及「社會建設」前面的理由。

我們不想在這裡，利用那麼廣泛的理路，作爲「視心重於物」的「心物合一」論的論證，因爲這一章已經從理論走向實踐的層面了。

國父在心理建設（孫文學說）中，主要的就是在排拒傳統「知之非艱，行之惟艱」所導引出來的惡習：

「知中國事向來之不振者，非坐於不能行也，實坐於不能知也。及其既知之而又不行者，則誤於以知爲易，以行爲難也。」[42]

---

[42] 行易知難，國父全集第一冊，第四二三頁。

要改變這見解，就得：

「倘能證明知非易而行非難也，使中國人無所畏而樂於行，則中國之事大有可爲矣。於是以予構思所得之十事，以證明『行之非艱』，而『知之惟艱』，以供學者之研究，而破世人之迷惑焉。」㊸

國父的「行易知難」一說，其目的也就是在導引「行」，而這「行」並不單止倫理道德的、個人的行，而是指國民共同來建設國家社會的工作參與。

這顯然的，是綜合了「知」和「行」的兩大課題。而「知」的問題屬於知識論，「行」的問題則屬於道德哲學或是政治哲學。國父把這「知」和「行」的問題，一併討論，雖然曉得在中國哲學傳統之中，知識和道德二者並列，而其中尤以道德就是知識，爲很重要的儒家觀點。㊹

因此，也就在國父探討「知」的問題時，雖然較爲重視科學的知，但亦必須涉及到中國哲學傳統對「知」和「行」的見解。㊺

㊸ 同上。

㊹ 道德取向的「知」，在中國儒家經典中，到處可見，最明顯的像論語爲政篇的「知之爲知之，不知爲不知，是知也」。這裡的「知」是用「誠」來理解。此外，像孔子要描寫北極星時，並不用科學的語言，而用道德的用語「爲政以德，譬如北辰，居其所，而衆星拱之」（論語爲政），乃至於王陽明的「致良知」與「知行合一」，都在指出「德卽知」的理論，與西洋以「知」爲中心不同，像蘇格拉底的「知卽德」，雖在效果上同是說明了「知行合一」，但對「知」較重的心態則表露在主詞的運用選擇上。

㊺ 參閱國父全集第一冊，第四五七頁。

當然，中國哲學發展中，對知和行的問題綜合起來討論的，首推王陽明的「知行合一」說，如今，國父孫中山先生提倡「行易知難」，其重心要改掉從尙書傳說對武丁所提的「知易行難」學說。於是，在哲學上的困難，也就在於 國父思想與王陽明學說之間的問題。在這方面，先總統 蔣公特別提出了「 總理『知難行易』學說與陽明『知行合一』哲學之綜合研究」㊻。其中提出了如下的重點：

一、總理注重實行的精神，與陽明學說的本質，在行的意義上，並無出入。

二、王陽明所講「良知」的知，是良心上的知覺，不待外求；而 總理所講「知難」的知，是指一切學問知識之「知」，不易強求；而且這種知識的「知」，亦不必人人去求，只要人人去行。

三、陽明所謂致良知與知行合一之「知」，是屬於「生而知之」的一面； 總理所謂知難行易之「知」，是屬於「學而知之」或「困而知之」的一面。

四、將陽明「知行合一」的理論與「致良知」學說合併研究，則與 總理「知難行易」學說的精義完全相同。

五、總理的哲學思想，符合科學的理論；因爲我們一貫的本體論，既不偏於唯心，亦不偏

㊻ 同註❹。

於唯物，而着重於人性論，所以　總理的哲學，遂成爲世界不朽的學說。㊼

從上面的大綱中，我們看出「知」和「行」有不同的對象，但是却共有一個主體，卽這個作爲主體的「人」，旣是知識的主體，同時又是道德的主體。把「知識」和「道德」分開來看，亦卽是說，把「知」和「行」分開來研究，則是在討論對象的劃分，是知識和道德的分別；但是，以「人」作爲知和行的主體，則就知行合一不可分了。因而，知和行本身，若以其所對象的科學或道德的客體來說，就有「行易知難」的科學，以及「知易行難」的道德，但在主體心性的瞭解中，知和行是合一的；也就因此，在　國父着重以科學建設國家時，當宣導「行易知難」的道理，而陽明站在學理探討的立場，在「致良知」的道德要求中，是要「知行合一」的。

也就因此，「知」和「行」的問題，理論上是有同有異，亦卽類比的「部分相同，部分相異」；但在實踐的課題上，則是主張「力行」的。因此，　先總統說：

陽明學說只在勉人『致良知』，所謂『致』就是『力行』，所以陽明學說的本旨，就是要人去實行。　總理在『孫文學說』中，反覆闡明『能知必能行』、『不知亦能行』的道理，歸納出來『行易』的結論，其最後目的就是只要我們照他所定的革命方略、計劃和他的命令去實行……所以我說：　總理所講知難行易的『知』，同王陽明所講的『致良知』與『知行合一』的『知』，……其作用是要人去『行』，就是注重『行的哲學』之意完全是

㊼ 總理「知難行易」學說與陽明「知行合一」哲學之綜合研究，蔣總統集第一七一八頁。

一致的。」㊽

早在民國二十一年，先總統　蔣公在「自述研究革命哲學經過的階段」㊾中，就已經指出：「古今來宇宙之間，只有一個行字才能創造一切，所以我們的哲學，唯認知難行易為唯一的人生哲學，簡言之，唯認行的哲學，為唯一的人生哲學。」㊿

這「行」的哲學是指什麼呢？　先總統又說：

「革命的本務，是『行仁』，就是愛人，而不是害人。我們以革命與『力行』為天下倡，就是要造成普遍的風氣，恢復人類的本性，亦就是要恢復我們民族固有仁愛的德性。」[51]

「力行」就是「行仁」，而「仁」就是「愛人」的意思，這不但對應了儒家的傳統精神[52]，而且亦應了　國父「服務的人生觀」的見解。在這裡，　先總統引用了　國父在民權主義中的意見，來闡釋「力行」的意思，他說：

「就是總理所說的『聰明才力愈大者，當盡其能力以服千萬人之務；聰明才力略小者，當盡

㊽ 同上第一七二頁。

㊾ 同註⑪。

㊿ 自述研究革命哲學經過的階段，蔣總統集第五八〇頁，其後又在「行的道理」中重覆這一段話，見蔣總統集第一一〇九頁。

[51] 行的道理，蔣總統集第一一一二頁。

[52] 論語顏淵：「樊遲問仁。子曰：『愛人』。」

其能力以服十百人之務；至於全無聰明才力者，亦當盡一己之能力以服一人之務。』所以不論是上智的安而行之，不論是中人的利而行之，不論是資性稍次的勉強而行之，祇要我們由力行而增進我們利他的本能，祇要我們眞純專一永不退轉，那就必能達到我們人生『行』的目的。」[53]

這樣，以力行哲學的開展，行之於社會人羣，而這行的基礎又是「順天應人」的；「順天」卽是順着動的宇宙進化體系，在人類進化的進程中，以互助爲原則，而從人性的修德，擺脫獸性，走向神性；所謂「應人」，就是以人性的「視心重於物」的心物合一論，來發展精神生活，在求生的本能之上，加上道德的「求仁」，而演成「無求生以害仁，有殺身以成仁」[54]的人生。

在這裡， 先總統總結了其人生觀的精義：

「我對於人生觀，有一對聯說：生活的目的，在增進人類全體之生活；生命的意義，在創造宇宙繼起之生命。」[55]

無論是增進人類全體之生活，或是創造宇宙繼起之生命，都是在「行仁」，都是在提升人性到神性的境界，都是在促進社會走向「天下爲公」，在提升世界爲「地上天國」。這樣，三民主

[53] 同註[51]。
[54] 論語衞靈公。
[55] 自述研究革命哲學經過的階段，蔣總統集第五八一頁。

義的哲學體系，創立自 國父孫中山先生，而完成於先總統 蔣公。其形式涵蓋了追求智慧的全部進程，其內容包括了知識、形上、道德，其淵源統一了中華道統和西洋精華，其方向是在開展世界未來的中西合璧的哲學體系。

叁、政治哲學

從 國父孫中山先生對「政治」的定義：「政是衆人之事，治是管理；管理衆人之事就是政治」[56]，以及對哲學的描述：「考察的方法有兩種：一種是用觀察，卽科學；一種是用判斷，卽哲學」[57]開始，「政治哲學」也就成爲：「判斷那管理衆人之事的學問」。

判斷什麼呢？衆人有那些事情呢？於是成了政治哲學的內涵。

如何管理衆人之事？就是政治學的課題；但是，爲何要管理衆人之事，則是對政治學的判斷，而成了政治哲學的課題。換句話說：政治學是探討現實政治「事實」與「事件」的學問，而政治哲學則是要對政治的制度，或政治的行爲，加上一種「價值批判」。[58]

[56] 民權主義第一講，國父全集第一册第六五頁。

[57] 同上第六七頁。

[58] 參閱鄔昆如著「中國政治哲學」，華視文化事業公司出版，民七十三年二月修正增訂再版，第十三頁。

先總統　蔣公，也就在　國父所開創的意義下，繼續發揮。

我們分就二個面向來加以探討：

一、理論的瞭解與發揮：先就以「衆人之事」的內涵，加以先後的界定；衆人也就是傳統的百姓，國家中的人民，他們的需要是什麼？而負責管理衆人之事的政府應該在那方面，首先做到？在這裡，「民以食爲天」的說法，不但印證着古人的體驗，而且亦是歷久彌新的社會問題基本，西洋諺語中亦有「先吃飯，後談哲學」[59]的說法。先總統　蔣公在這裡，先爲思想基礎鋪了路，他說：

「無論什麼主義，都有一種哲學思想做基礎。三民主義的哲學基礎爲『民生哲學』。」[60]

「關於此點，遺教本文中，也有很多次的指示，他說：『民生爲歷史的中心』。又說：『社會問題是歷史的重心，而社會問題又以人類生存問題爲重心，民生問題就是生存問題。』又說：『民生爲社會進化的重心。』又說：『建設的首要在民生』。所謂『民生』，依總理的解釋，就是：『人民的生活，社會的生存，國民的生計，羣衆的生命。』」[61]

當然，這「民生」問題，也就成了三民主義政治的基本問題，一切政治理論，都應該從這裡

---

[59] 拉丁諺語：Primum manducare, deinde philosophare。

[60] 三民主義之體系及其實行程序，蔣總統集第一一三九頁。

[61] 同上。

開始；所有的政治措施，也應從這裡着手。這種以百姓的生活爲首的學說，當然就是「民本」思想，它可以一直追溯到中國古代的政治理論的王道、德治、仁政；它也可以上溯到古代的「正德、利用、厚生」62，以及「德惟善政，政在養民」63。它也可以符合儒家愛民的傳統，就如孟子所提倡的「民爲貴，社稷次之，君爲輕」。64

民本思想所要求的是，政府的施政，政府的行止，是以百姓的需要和願望爲基準的。這樣，「民本」所要求的在哲學基礎上，也就是德治、王道、仁政。因此，在「無論什麼主義，都有一種哲學思想做基礎。三民主義的哲學基礎爲民生哲學」的語句之後，就再加上了「仁愛爲民生的基礎」65。亦就是說，在管理衆人之事時，要以「仁愛」之心爲基本。

顯然的，這「仁愛」的王道思想體系，其所呈現的「民本」思想，一方面是三民主義淵源中的中華道統，它是從堯、舜、禹、湯、文、武、周公、孔子一脈相傳下來的66；另一方面則是基

62 書經大禹謨。

63 同上。

64 孟子盡心下。

65 戴季陶：「孫文主義之哲學的基礎」，收集在「三民主義哲學論文集」中，中央文物供應社出版，民國六十七年五月二十日，第二一頁。

66 先總統 蔣公在「三民主義之體系及其實行程序」中，述說：「我記得民國十年， 總理在桂林，共產黨第三國際代表有個代表馬林（瑞典人）曾經問過他：『先生的革命思想基礎是什麼？』 總理答覆他說：『中國有一個道統，堯、舜、禹、湯、文、武、周公、孔子相繼不絕，我的思想基礎，就是這個道統，我的革命就是繼承這個正統思想，來發揚光大。』」 蔣總統集第一一四〇頁。

督宗教的「博愛」[67]。這中西合璧的淵源，也正可以解釋三民主義政治哲學的來源。

再下來的「民主」，老百姓做主；或是「法治」，法律之前，人人平等的信念，亦是中西合璧的。在這裡，尤其是　國父孫中山先生的權能區分理論，更是前無古人的創見，其「人民有權，政府有能」，不是「民本」的精義嗎？

從「民生」問題的解決，走向「民權」的倡導，而且把二者在理論上連成一系，首尾相連，可說是三民主義政治哲學的特色。當然，由於「民權」問題的先決條件是民生問題，而中國近百年來，都在「民不聊生」的情況之下，其軍閥割據的內憂，其日本侵略的外患，都在本質地妨礙了「民生」建設；在內憂外患中，中國的人民生活無着，社會無法生存，國民沒有生計，羣衆的生命沒有保障。因此，連帶着在民權問題上，也必須依着軍政、訓政、憲政三個依序的方向來進行：卽是，先用武力來統一中國，來驅逐日本帝國主義，來平定共產暴政；然後才設法教導百姓走向民主法治的理想；教導百姓每個人都應關心「管理衆人之事」，學習民主的精神；同時認識法律，知道並認同自己在羣體生活中的權利與義務。

[67] 軍人精神教育中說：「仁之種類有救世、救人、救國三者，其性質則皆爲博愛。」國父全集第二冊第四八九頁。又：「國家政治之進行，全賴宗教以補助其所不及……以宗教上之道德，補政治所不及。」國父全集第二冊第二六二頁。

當然，民權主義的推廣，在地方自治與中央政府之間的關係，錯綜複雜，在政治哲學的課題上，祇要瞭解到先總統　蔣公在努力推動傳統的德治、王道、仁政，由政府到百姓的中華道統；同時又設法順着　國父的民主法治的構想，教百姓人人參與政治的實踐，配合起來，交融起來，也就足以曉得民權主義推行的哲學意義了。

民生的解決，民權的推行，若以一國來說，那祇是「以建民國」的事功，這是標準狹義的「民族意識」，由愛國家、愛民族的情緒所推動，由理性的思維所領導，而構成了「民族主義」的構想。當然，在當前中華文化被摧殘，共匪統戰陰謀變本加厲時，民族文化的提倡，藉以振興國魂和民族魂，藉以從亡國滅種的危機中，重獲中興的機運，則是非常需要的。但是，眞正的民族主義精義，在哲學的理想上，絕不停留在一民族、一國家、一社會身上，它是要突破國家界，突破民族界，而走向世界主義的。也就因此，國父在進化論的最終目標的設定下，開展了孔子的「大道之行也，天下爲公」，以及耶穌基督的「爾旨得成，在地若天」。這種社會的「太平世」和「地上天國」，才是人類政治的總目標。先總統　蔣公在補足三民主義時，也在其「民生主義育樂兩篇補述」中，提出了「大同」思想，說明社會的發展，應該是向着「世界大同」的。政治哲學思想的進程，是透過「以建民國」，走向「以進大同」的。

如果把三民主義的政治實施程序，在這方面加以區分的話，那就是從民國八年的文言本三民主義開始的方案，經過大亞洲主義的演講，再到民權主義中進化思想之推演；也卽是說，從漢民族主義到五族共和的中華民族主義，再到黃種民族的大亞洲主義，最後才到世界大同。[68]

總括說來，在理論的瞭解與發揮層面，先總統 蔣公在民生主義上，在臺、澎、金、馬發展了經濟建設，而這建設的理論基礎，是依循 國父孫中山先生所定立的「平均地權，節制資本」的方式，用漸進的土地改革方案，實施了不是資本主義，更不是共產主義的經濟模式，而是別具一格的三民主義模式。在民權主義的建設上，開展了直接民權的選舉，更實施了憲法的推行，在在都是實踐理論基礎的「民主」和「法治」的精神。在民族主義方面，理論基礎以民族意識和國家意識為中心，提出了華夷之辨，破馬列主義的邪說；更在傳統哲學上，闡明了「天」的含義，而從有神論的立場，反對共產的唯物無神。

而這些「立」三民主義理論，「破」共產主義邪說，在哲學思想上最有深度的，算是那篇「「解決共產主義思想與方法的根本問題」講稿。[69]

二、實踐的努力與成果：實踐哲學的精華在於「行」，「行仁」是臺、澎、金、馬政治的最佳成果，尤其是與大陸共產政權所施行的暴政，對比之下，就更顯得突出。誠然，臺省經濟的成長，以及民生問題的解決，是有目共睹的。我們總要提出這樣的一個問題：臺灣海峽兩邊，不都

[68] 參閱陳曉林著「民族主義與自由主義在現代學理上的衝突與調和」，中山學術會議論文。民國七十年九月二十七——三十日。

[69] 同註6。

是炎黃子孫嗎?不都是承受了中華幾千年的文化薰陶嗎?爲什麼三十年下來,臺、澎、金、馬展示了其輝煌的成就,而大陸仍然要在饑餓的邊緣?這就不能不結論出:政治體制的不同,政治措施的不同,社會組織的不同,因而才導引出不同的成果。原來,臺省這三十年來,在先總統蔣公領導之下,遵行三民主義的理論體系,一直做着中華道統和西洋精華的合璧和濃縮,因而獲得了中西之長,而不但在民生問題上,而且在民權問題和民族問題上,都有突破性的進步。這原是「三民主義的哲學基礎是民生哲學,而仁愛是民生的基礎」所道出的指導原則。也就在這指導原則下,政府與百姓間,國民與國民間,大家互助合作,共同建設了富強康樂的社會,安和樂利的生活。反過來,大陸共產主義迷信馬列學說,誤信鬥爭爲進步和發展的原因,因此,三十年來,時時刻刻在鬥爭,政府與百姓鬥,官員與官員鬥,人民與人民鬥,乃至於劃分階級,製造鬥爭,於是,沒有互助,沒有合作,沒有仁愛,只有仇恨,只有鬥爭,社會如何會進步呢?又如何可能成爲安和樂利呢?

就更擴大一點範圍來說,有所謂的「東亞五條龍」,當然是指亞洲五個地區在經濟上的突飛猛進:日本、臺灣、韓國、香港、新加坡。其實,這五個地區的人民都是受到中華傳統文化的薰陶的,都是曉得並認同「勤儉致富」的原則的,因而全民都能勤奮工作,去開源;而且亦都能量入爲出,去節流;全民都開源節流,自然就藏富於民,而國富民強了。大陸共產政權一開始就要反對並侮蔑中華文化,絕不認同「勤儉致富」的原則,而迷信馬列鬥爭思想,以爲窮人祇要起來鬥爭地主，搶奪他們的財產，先以「均」，然後才到「富」；殊不知這種教育却絕對破壞了「勤」和「儉」的美德，而轉換成「懶」「貪」「搶奪」的惡習。於是，大陸人民不思生產，只想「瓜分」「鬥爭」別人，從中取利。大陸人民三十年來，「均」是均了，但沒有變成「均富」，却淪入了「均貧」。

這是「民族文化」意識的哲學基礎，所開展出來的成果：認同並實踐中華道統的，在民生問題上就有輝煌的成就；反對並破壞中華道統的，在民生問題上亦落得失敗。這原因非他，中華道統是以德治、王道、仁政的「民本思想」爲基礎的；它是「德惟善政，政在養民」的。而共產主義是西洋的末流，在這末流中沒有「愛」的概念，祇有「恨」的實踐；在這種「恨」的制度下，又如何開展出安和樂利的社會呢？

臺、澎、金、馬在先總統　蔣公領導之下，在民權的實踐上也是有目共睹的。「民主」和「法治」的制度依循憲法的精神，發揮着「民本」思想，實踐着「人民有權，政府有能」的理想。中央政府組織的健全與地方自治中，人民參與的事實，都在不斷的進步之中。

再來就是民族主義的闡揚。這民族文化的保存與發揚是任何一個民族歷史存續的保證，以儒家德治主義爲主流的政治措施，在在都展示在「民生樂利」的努力和成果上，這種「民爲貴」的措施，不但在民權主義上表現了「民本」精神，同時也正是中華道統的延續。

上面提及的「民族主義」精義，在三民主義體制下，是向着「世界大同」開展的；因而它絕不是偏狹的漢族意識，也不單是中華民族主義，而是要把仁政，用王道，用以德化人的方式，將「安和樂利」推展到全世界，爲全人類服務的。

在這方面，先總統 蔣公可謂仁者，眞正發揮了這精神。我們可以用下面三個小的例子，作爲佐證：

第一，中日戰爭，日本投降前夕，中、美、英三同盟國領袖會商，按西洋文化模式，不是以可把日本四島瓜分？或至少讓在中國留下的日軍勞改，稍爲彌補對中國侵略的損害？但是，蔣公慈悲，不但讓日本保有獨立的王國，而且遣返所有俘虜。這不是仁愛的最高表現？

第二，記得筆者剛上大學時，恰好菲律賓大水災，當時，臺灣經濟並不好，一切尙在百廢待興之中，可是 先總統號召全體軍民同胞，禁食三天，捐款救助菲島難民。這又何嘗不是人溺己溺，人饑己饑的胸懷？

第三，臺灣在經濟上的成長，首在農業，而政府不但不以西洋模式，衞護什麼專利，而是組織了農耕隊，農技團，協助那些落後地區，使當地沙漠變良田，使當地的百姓從吃香蕉變成吃白米飯。這種行爲不是走向「天下爲公」嗎？

總之，在先總統 蔣公的領導下，臺、澎、金、馬無論在民族、民權、民生各項事工上，都突飛猛進，建立了三民主義的模範省，以期統一中國，達到「以建民國」的目標，並且，邁向「世界大同」的遠景。

結論

國父所創建的三民主義理論，由　先總統落實在臺、澎、金、馬。　先總統的政治哲學體系，因而一方面補足並引伸　國父思想，他方面則是把理論落實到具體的政治社會中。本文的哲學基礎探討，其核心也就在這「實踐」的原理部分。

當然，在落實理論的同時，大環境以及小環境還是思想界應該注意的。原來，中華文化發源在黃河流域，發展到長江流域、珠江流域，乃至於傳播到海外。可是，共產邪說淹沒了大陸神州，迫使中華文化漂流到海外。先總統　蔣公引以爲己任的，並且確有最大貢獻的，也就是在臺、澎、金、馬，實踐三民主義，把臺灣建設成模範省，好準備以三民主義統一中國，亦即把漂流到海外的中華文化，回流到大陸神州。這麼一來，目前我們的使命，首要的也就是消滅共產主義，統一中國，達到「以建民國」的復國工作，爲「以進大同」做鋪路的工作。

先總統　蔣公力行哲學的再反省

緒論

近來學術界對先總統　蔣公的思想，愈來愈重視；對其承傳並發揚　國父思想的貢獻，亦漸趨認同；而在哲學思想體系的編寫，亦出版了不少專書❶；乃至於專門學報的發行❷，都在顯示這方面的研究風氣，逐漸形成。

也就在從各個角度來研究先總統　蔣公思想的同時，論述性的作品雖然很多，但專門以專題

❶ 如幼獅出版的柳嶽生著「總統力行哲學與易傳」，正中出版的張載宇著「蔣中正先生思想研究」等。

❷ 如「中正學刊」（鳳山市黃埔三村十巷二號）的發行，到今年已出版第四期。

性的論著，卻仍不多見。尤其是能在學術探討之外，設法落實到具體人生的層面的，則更是稀少。就拿「力行哲學」一個主題來看，這本是從理論哲學部份，過渡到實踐哲學層面的學說，是統合哲學二大部門的課題，無論就其理論性，或是其實踐性來看，都是哲學的深層問題，很值得從各個面向，提出更深入的探討

早在民國六十六年七月二十八日，由中央黨史會舉辦的歷史教學研討會中，筆者有幸被邀請，講述「總理『知難行易』與總裁『力行哲學』之貫通」，其講稿先由革命實踐研究院印成單行本❸，後又在「近代中國」❹雙月刊發表，開始就發現先總統 蔣公的哲學思想，是由「力行哲學」來貫通理論與實踐兩部份，而且，就在「知」的理論部份，與「行」的實踐部份，的確也承傳了中華道統，以及吸取了西洋精華，而且亦包容了 國父思想中的創見。其後在民國七十年五月所出版的「三民主義哲學」，其中的力行哲學部份，雖然以「知難行易」爲中心，放在知識論的篇章中❺，實則是說以「知」的疏導，去發展實踐哲學的「行」，因而終至引導出「起而行」的結論❻，把「知」作爲動力，而「力行」才是目的。

---

❸ 「總理知難行易學說與總裁力行哲學之貫通」，陽明山莊，民國六十六年七月。

❹ 近代中國，第三期，民國六十六年十月卅一日，第三十二——四〇頁。

❺ 鄔昆如著「三民主義哲學」，國立編譯館主編，中央文物供應社印行，民國七十年五月二十五日，第一六八——一七九頁。

❻ 同上，第一七八頁。

民國七十二年四月，在「近代中國」發表了專題研究「先總統　蔣公的力行哲學」❼。

在前面三階段的研究中，所着重的是「思想史」的演變和發展，亦卽在知行問題的歷史背景中，找出問題在尙書說命中的原始，然後以道德取向的中國哲學發展史中，找出「非知之艱，行之惟艱」的心態，而一直進展到宋明理學集大成的王陽明，以其「知行合一」的洞識，把理論的探討，推展到實踐的層次；其「致良知」的「致」字，完全表現出「行」的意味❽。一直到國父孫中山先生所倡導的「行易知難」，其重心仍然歸結到勸導人去「力行」。於是，先總統蔣公所提倡的「力行哲學」；也就奠基在中國文化的傳統中，而仍然保持道德取向，仍然指向人生的實踐性。這種道德性與實踐性的衞護，因而亦就需要在「知」和「行」的哲學性課題中，謀求合理的融通，其融通的題材，不但在表面相互對立的「知易行難」，以及「知難行易」，而更要在此二者之外，設法融通「知行合一」的要求。

因此，在前面三階段的研究中，特別在　先總統的著述中找出思想歷程的脈絡，而從哲學基礎上，找出「知」的原理，以及「行」的原理，然後，在探究此二者關係中，尋求出「知」爲過

❼「先總統　蔣公的力行哲學」，近代中國，第三十四期，民國七十二年四月三十日，第三十二——四十頁。

❽蔣總統：「總理『知難行易』學說與陽明『知行合一』哲學的綜合研究」，蔣總統集，第二册，張其昀主編，國防研究院、中華大典編印會合作出版，民國五十七年三月三版，第一七二〇頁。又「革命教育的基礎」，同上第一九〇七頁。

程，而「行」爲目的，這是以「人性」爲探討中心所開展出來的結論❾。

除了從「歷史發展」的線索之外，在「內在涵義」的探討中，筆者亦嘗試就以「人性」爲中心，來分析「知」和「行」的二大課題❿，致力於開展出「力行」的哲學基礎。

哲學探討的第三層面⓫，是本文的核心課題。當然，哲學的「用」的部份涉及非常廣，文中不得不作某種程度的取捨；再來就是「用」的問題每一枝節都發自「體」，因而，力行哲學的實踐課題，到最後仍然指涉到「人性」的問題；甚至需從「人性」的某些面向，作爲研究的出發點和基本預設。

壹、人生

人生是由具體的縱橫二個座標來界定的，那就是「個別性」與「獨立性」的縱的座標，指出

❾ 鄔昆如著「先總統　蔣公的力行哲學」，收集在「文化哲學講錄㈢」之中，民國七十二年十二月，第一五一頁。

❿ 參閱鄔昆如著「總理『知難行易』學說與總裁『力行哲學』之貫通」，收集在「文化哲學講錄㈠」之中，民國六十八年二月，第一八九——一九〇頁。

⓫ 筆者數十年研究哲學的心得，認爲無論研究何種問題，都可以從三個層面，或是從三個面向來探討：先是從歷史發展的層面，把所要討論的問題，從古到今作一鳥瞰，收集傳統智慧，而作一集大成的工作；第二層面是進入問題之中，仔細分析及考察，是爲「內在涵義」的開展；第三層次卽是「當代意義」的課題，是哲學落實到「用」的層面。

人生存在天和地之間，意識到自己如何做人的問題。人生的另一個座標則是「羣體性」與「羣我關係」所形成的橫的座標，討論人生活在人與人之間的課題，問及如何與人相處。

這種從縱橫二座標所界定的人生，在傳統的人生哲學探討中，其價值取向一方面是在修己，另一方面是在成人；於是，在生存在天和地之間的縱的座標中，設計了「頂天立地」的標準，來訓練個人在個別性的範疇中，能够「獨善其身」；而在生活在人與人之間的橫的座標中，推展出「出人頭地」的目標，來鼓勵每一個人，在羣體生活中，適應社會生活，而終於能「兼善天下」。「獨善其身」顯然地就構成了儒家所謂的「君子」，而「兼善天下」則成爲「聖人」。「君子」所抵達的人生境界是「天人合一」，而「聖人」所開創的世界理想，則是「天下爲公，世界大同」的「太平世」。這也正是大學中所展示的：修身、齊家、治國、平天下的實踐進程。

要成爲「君子」也好，要成爲「聖人」也好，都需要人格的養成。人格的養成是道德哲學的課題，一方面要「知」道道德規範，另一方面要實「行」良知的指引。於是，「知」和「行」的二課題，也就成爲探討的對象。

人生的天賦也恰好有認「知」的能力，以及實「行」的本事。一個人天生來就有「好奇」的本性，以及「擁有」的傾向；好奇去知，擁有去行；知的理論要針對知物、知人、知天；行的實踐則在於敬天、親親、仁民、愛物。道德取向的「知」，其核心是「知人」⑫；道德取向的行是

---

⑫ 論語顏淵：樊遲問仁，子曰：愛人；問知，子曰：知人。

「行仁」，而其核心亦是「愛人」⑬。

可是，也就在「知」的情事上，天生來的聰明才智不等，在論語中卽有上智、中人、下愚的區分⑭，同時亦有生而知之，學而知之，困而學之，困而不學等不同層次的分別⑮。

在人生哲學中，尤其是在三民主義的人生哲學中，這些人類智慧的差等，當然亦是知識論的對象，在民權主義中，國父孫中山先生就曾濃縮中國傳統文化中的各種見解，而把人的聰明才智分成：聖、賢、才、智、平、庸、愚、劣八等，來與天生來的地位相對，那就是：帝、王、公、侯、伯、子、男、民⑯。這些分類固然可以作爲充實知識之用，但是，最重要的，還是從這些生而不平等的事實中，透視它們的存在意義。哲學所提出的問題，並不是問及：究竟人的天生聰明才智有多少種？而是首先問及：爲什麼會有這些差等？爲什麼人人天生來不平等？再進一步的問題是：如何來使這天生的不平等成爲平等？

於是，創造了服務的人生觀的理論，國父說：

---

⑬ 同上。

⑭ 論語陽貨：「子曰：唯上知與下愚，不移。」雍也：「中人以上，可以語上也；中人以下，不可以語上也。」

⑮ 論語季氏：「孔子曰：生而知之者，上也；學而知之者，次也；困而學之，又其次也；困而不學，民斯爲下矣。」

⑯ 國父全集，第一册，第九三——九五頁。

「人人當以服務為目的，而不以奪取為目的，聰明才力愈大者，當盡其能力以服千萬人之務，造千萬人之福，聰明才力略小者，當盡其能力以服十百人之務，造十百人之福。所謂巧者拙之奴，就是這個道理。至於全無聰明才力者，亦當盡一己之能力，以服一人之務，造一人之福。」⓱

先總統　蔣公亦說：

「要使我們　總理所說『人生以服務為目的，不以奪取為目的』的遺訓，普遍深入於全國人心。……革命就是犧牲，犧牲就是服務；……再切近一點說，就是我們要服侍人家，不要人家來服侍我們……切實做到『服務即生活，生活為服務』這一點。」⓲

服務的人生觀展示出，天生的不平等，要用人為的服務精神來改善。當然，拳頭大的人，其意義就不再是弱肉強食，可以用來打架，欺侮別人，而是用自己天生來強有力的胳臂，來幫助弱者。

這服務的人生觀顯然的是道德取向的文化，這文化的重心不在於發展銳敏的頭腦，而是在於豐饒一個人的心靈。當然，一旦學說落實到實踐層面，心靈的服務願望不斷成長時，銳敏頭腦的要求亦會不斷增加，這也就是「知」和「行」不斷地相互補足，相互成長的理由。

人生的成長，因而亦在「知」和「行」的課題上，找到密切的關係。

⓱ 民權主義第三講，國父全集，第一冊，第一〇四——一〇五頁。

⓲ 革命與服務之要義。蔣總統集，第一冊，第一〇五三頁。

貳、知行問題的開展

在中國道德取向的文化中，早在開創時期的描述，像伏羲、神農、有巢、燧人等等，其記載的意義絕不止於歷史事實和事件的眞實性與否，而是這些名字所代表的意義。那就是聰明才力大的人，發明了謀生的技能，而用來教導民衆，這也正是服務人生觀的注解。這服務的精神，不是來自理「知」，而是發自良「知」；理知的銳敏頭腦，可以發明謀生的技能，但未必產生服務的心願，而且有時恰恰相反，頭腦聰明的人，有時會利用自己的聰明才智，去欺侮弱小，去佔別人的便宜。唯有心靈豐饒的人，才曉得去扶持別人，去幫助別人。

問題也就發生在「良知」的呼聲，是否爲理知所接受，良知的「行善避惡」的道德律，是否會呈現在生活的具體層面？這也就是說明：掌管「知」的頭腦，與掌管「行」的良知，步伐並不是齊一的；良知走得遠不如理知快，於是呈現在知和行的理論上，不是同步的現象。

尚書的道德中心，在中國所有古籍中，表現得最爲清晰；不但其基本原則上的「天道福善禍淫」⑲，而且確也把道德實踐上的體驗，表露了出來，那就是：「非知之艱，行之惟艱」⑳。這

⑲ 書經湯誥。
⑳ 書經說命中。

種知易行難的體認，正是人類在道德問題上「力不從心」的體驗，以及個人在行爲上的極限；同時亦是理知和良知的步履不是同步的明證。中國以殷高宗（武丁）爲首的體認，透過傳說的對話，明瞭了道德理論容易確立，但是，道德實踐則是困難的。

道德取向的文化系統，因而亦就認定了這「知易行難」的學說，是道德規範的一環：知與行的課題，也就在這第一回合的接觸中，排定了次序。

「知易行難」展示出理知和良知的步履快慢不一，最先暴露出來的成果，便是「坐而言」，而無法「起而行」，把知和行截然分開，也正是先總統 蔣公所濃縮的：「不知不能行，知之又不敢行」㉑。這情形一直發展到宋儒，也就變成了空言心性，而無法把道德落實下來。這也就是學說和行爲都是同一步履所造成。

明代的王陽明，更深入一層的去研究良知的問題，用「存天理、去人欲」的方式來「致良知」，發現「致良知」的「致」字本身，根本上就是實踐性，就是「行」。於是發明了「知行合一」的學說，把分裂了的「知」和「行」，經過了二千七百多年之後，又復合起來（尚書記載的殷高宗武丁，任傅說爲相時，是紀元前一三二二年，而陽明的生卒年代爲公元一四七二－一五二八）。在「知行合一」的學說中，人性的道德主體，是由於理知和良知的同步，而作自我提升。而在這提升自我的過程中，良知產生作用，催促知性走向實踐性，去實踐存天理的客觀的道德規

㉑ 總理「知難行易」學說與陽明「知行合一」哲學之綜合研究，蔣總統集，第二冊，第一七一九頁。

範，去實踐去人欲的主觀個人想法。陽明提出了「知的眞切篤實處卽是行，行的明覺精察處卽是知。」「知是行的主意，行是知的工夫。」㉒

這樣，「知行合一」說還是回歸到人性的統一性，而以知和行作爲一體之二面，或是一物之二象。到了 國父孫中山先生，由於領導革命，推翻滿清，建立民國；所經歷的革命事業以及建國事業，深深地感受到傳統道德取向的「知易行難」的影響，而國人在建國事工上，無法擺脫坐而言、不起而行的陋習，因而首先創造「知難行易」學說，作爲心理建設的根本，寄望藉心理因素的轉變，能導國人投身建設行列。

傳統的「知易行難」學說的副作用，一方面困於愚，卽是不知不能行，另一方面又困於知，卽是知之又不敢行。在孫文學說的自序中，卽指出這種副作用：「非不能也，不行也；亦非不行也，不知也。」㉓

陽明的「知行合一」學說，固然能够指點迷津，但是，並沒有如理想的，提出化解之道。在這方面，國父孫中山先生不厭其煩地提出了各方面的論證，從日常生活所能接觸到的事物，一直到高深的學理，總結出「知難行易」的道理來。當然，這論證的原義表面上看，是在證明「知」的困難，而「行」是在不知不覺之中，但是，這「知難行易」學說本身，卻不是證明一

㉒ 王陽明，答徐愛書。
㉓ 國父全集，第一册，第四二〇頁。

種學理，而是在作「心理建設」。而心理建設的終極目的，是要國人「起而行」，而非教國人如何增長知識。也就因此，固然在論證中，有許多非常特出的「說理」論點；但最後還是「動之以情」的勸導，要人「躬身力行」。甚至，在思考「知」和「行」的課題上，亦是用「情」的感召，去發掘其相互間的意義。

這「情」的部份，最淸楚的，莫過於 國父在任何一點說「理」中，都滲入了「民族意識」，早就在「證以十事」的論證中，我們就非常容易看出：

在「以飮食爲證」中，指出中國近代文明，雖事事皆落人後，但中國食物，大盛於歐美，其烹調法之精良，食物種類之多，都爲世界之冠；尤其其中的粗茶淡飯，對養生延年的哲學思想，更是世界第一。更特別提出豆腐，有肉類之益，而無肉類之害。㉔

在「以用錢爲證」中，指出中國自神農氏開始，就敎民日中爲市，交易天下之貨，而認爲「日中爲市之制者，實今日金錢之先河也」。漢初桑弘羊行均輸、平準之法，也實爲歐美財經之準繩。㉕

在「以作文爲證」中，說明中國文字之功，遠勝於世界其它文明，其文字之應用，亦較巴比倫、埃及、希臘、羅馬等文化久遠；而且，從中國文字影響下的日本、高麗、安南、交趾等，都

㉔ 同上第四二三——四三一頁。
㉕ 同上第四三一——四四〇頁。

由文字宣示了文化。㉖

在「以七事爲證」之中，首先提出「造船」一項：指出鄭和當時能以十四個月短期內，造大船六十四艘，還要準備二萬八千餘人之糧食、武器以及其它需要；而在民國七年，上海有華廠造成一艘三千噸之大汽船，曾使舉世震驚。㉗

繼則提出「築城」之事，中國萬里長城爲世界第一大工程建築；城外民族，無論是蒙古元人，或是東北滿族，一旦入主中原，都莫不被中國文化所同化。㉘

再來就是「開河」，中國運河之開鑿，南起杭州，貫穿江蘇、山東、直隸三省，經長江、大河、白河而至通州，長三千餘里，爲世界第一大運河。㉙

其後有關「電學」的發明，指出中國之指南針，實爲電學之始。㉚與電學關係密切的是「化學」，在指證化學之「行易知難」中，認爲中國之煉丹、豆腐、瓷陶，都是千年的成果，絕不亞於世界其它任何文明。㉛

㉖ 同上第四四一——四四六頁。
㉗ 同上第四四六——四四八頁。
㉘ 同上第四四八——四五〇頁。
㉙ 同上第四五〇頁。
㉚ 同上第四五一頁。
㉛ 同上第四五二——四五三頁。

進化論的出現，在西洋十九世紀始完成，但其進化之目的，孔子早有預見，卽「大道之行也，天下爲公」，與耶穌基督的「爾旨得成，在地若天」旨趣相同。㉜

上面的論證，其表層理論都在說明「知其然而不知其所以然」，亦卽會做，但不曉得原理。但是，更清楚的是在說明：中國傳統文化中，有過光明的歷史，冠於全球的各種科學成果。在「情」的心理疏導中，國人自不必悲觀於目前的落後，而應該步先人的後塵，再造中華，使其恢復昔日的尊榮。這也就是在「知難行易」中，鼓勵同胞「起而行」的旨意。

孫文學說的最後，特別提出「有志竟成」的勉勵，而結論出「能知必能行，不知亦能行。」㉝來闡明知和行的關係。

在整個「知難行易」的論證中， 國父孫中山先生亦在歷史學說中，有獨創的見解，那就是配合他的進化理論，說明「知」和「行」的關係，在進化過程中所扮演的角色。他說：

「夫以今人之眼光，以考世界人類之進化，當分爲三時期：第一由草昧進文明，爲不知而行之時期。第二由文明再進文明，爲行而後知之時期。第三自科學發明而後，爲知而後行之時期。」㉞

㉜ 同上第四五五頁。

㉝ 同上第四六三頁。

㉞ 同上第四五九頁。

由「知」和「行」在時間上的先後的歷史演變，來說明其難易的相互情形，進而指陳出「行易知難」的結論。 國父孫中山先生在這方面的用心，旨在說明：建國大事，尤其在各種建設的方略，其困難部份的「知」，他已經打好了基礎，國人祇要採取比較容易的「行」，就可以完成大業；其「能知必能行，不知亦能行」的整體理論，都是朝向這目標的。

顯然的，「知難行易」的各種論證，都是經驗事實，而且是透過分析法和歸納法來說明；因爲，諸般解說中，都是以自然科學的事件爲基準。

知和行的問題，到了先總統 蔣公手中，就成爲非常核心的課題。首先要注意到的，就是：先總統一方面自勉爲 國父信徒，這是他承傳革命，落實三民主義偉大貢獻的全面意義；可是，在另一方面，他又要在學術的研究上成爲王陽明的弟子，這是他對中國哲學研究的心得。要成爲國父信徒，自當相信「知難行易」的學說；可是，要成爲王陽明的弟子，又必需接受和發揚「知行合一」的理論。於是，在「知難行易」以及「知行合一」的二者中必需進行融通的工作；首先要做的，也許就是在學理上，設法超越二者相互間可能有的對立或衝突；甚至，在學理的創見上，走向集大成、創新的機運。

果然， 先總統在二十幾年的反覆研究後，獲得了突破與創新，而從「知」和「行」的問題，走向了「力行哲學」的境界。

我們在蔣總統集中，可以窺探出下面的心路歷程，來闡明知行關係：

一、早在民國二十一年五月十六日的「自述研究革命哲學經過的階段」一文中，就開始探討這知行的課題。在對南京中央軍官學校講這個問題，首先就指出日本強盛的原因，並非得力於歐美的科學理論，而是得助於中國重行的哲學思想，而這哲學思想尤其在陽明的學說內，那就是「致良知」的實踐性。接着提出了　國父孫中山先生所發明的「知難行易」學說，其目的亦是在鼓勵實行。在比較的理論層面上，　先總統指出陽明的「知行合一」與　國父的「知難行易」是互相補足的，相輔相成的。在這相輔相成的理念中，開展出「行」是唯一的人生哲學，而「行」的目的卻不是自私的，而是利他的，亦即把人生觀定位在：「生活的目的在增進人類全體之生活，生命的意義在創造宇宙繼起之生命。」㉟

二、同年五月二十三日，對軍官們演講了「革命哲學的重要」，其中強調了立國的精神在「國魂」，而國魂就是民族精神；恢復民族精神就要實行　國父的「知難行易」學說；這學說的重心在於「行」。然後特別指出「知行合一」與「知難行易」，都是「行」的哲學，而且，都可以在傳統的「大學之道」中，找出淵源。㊱

三、民國二十四年九月十七日在峨嵋軍訓團所作的演講「心理建設之要義」，原是「國父遺教第四講」，開始用「力行哲學」來注解　國父的心理建設，並指出這力行哲學，在於恢復中國

㉟　蔣總統集，第一册，第五七八——五八一頁。
㊱　同上第五八二——五八七頁。

固有道德，發展健全高尚之人格。㊲

四、民國二十八年三月十五日演講「行的道理」，又名「行的哲學」中指出：「行」是唯一的人生哲學。在檢討過去的失敗時，認為沒有認清「力行」哲學的深義；提倡今後要篤信 國父的「行易知難」學說，從力行中去求得眞知，結論出「能知必能行，不行不能知」的知和行的關係，這就說明了知和行的互換原理，以及由行來增強知的道理。㊳

五、同年五月七日所講「三民主義之體系及其實行程序」，文中特別強調了「力行」的重要性。他說：「人類社會一切進步，一切眞實的成就，都是由於力行而來……只有力行才能促進社會進化、人類進步；只有力行才能克服一切艱難，獲得最後效果。」㊴

六、民國三十年七月九、十兩日對青年團中央幹事與監察會聯席會議講「哲學與教育對於青年的關係」中，指出 國父集中國文化之大成，在理論上承接宇宙起源的「太極」，在實踐部份則是「卽知卽行」。在這篇講稿中，關於「知」和「行」的問題，有一極濃縮的敍述。他說：

「總理知難行易的學說，雖然與明代王陽明知行合一的哲學不相同，與商代傳說知易行難的學說極端相反，但就知行哲學演進的歷史來看，則推本窮源，主陽明的學說是淵源於『

㊲ 同上第四〇——四六頁。
㊳ 同上第一一〇八——一一一三頁。
㊴ 同上第一一四四頁。

知之匪艱，行之維艱』的哲學，我們　總理的學說，又是對王氏『知行合一』的哲學，作更進一步的發明。……再就本國長個人的哲學思想來講，我最初就很得益於王陽明『知行合一』哲學的心傳，在我十八歲的時候，最喜歡讀的第一本書就是鄒容的革命軍，第二部書就是王陽明的傳習錄，第三部書就是黃梨洲的明夷待訪錄，第一本書是啓發民族大義，確立我革命思想的基礎，第二部書是闡明『致良知』的道理，奠立了我求學作事的根本，第三部書是貫注我民主思想的精神。後來追隨　總理，服膺三民主義，從事革命事業，更是實踐知難行易的學說而名之曰力行哲學。」[40]

以上的引文，不但指出了先總統　蔣公對「力行哲學」的意義和來源的交待，而且亦粗略地刻劃了　先總統的學術思想歷程。在這歷程中，所有的思想都歸結到「力行哲學」，而且亦都淵源於集中國哲學大成的　國父孫中山先生。從「知易行難」到「知行合一」，再到「知難行易」，歸結到「力行哲學」。

七、民國三十二年三月二十九日在三民主義青年團第一次全國代表大會講「中國青年所負的時代使命」中，強調以「力行」代替「空論」。[41]

八、民國三十三年一月八日演講「軍需人員負責盡職之要道」，指出「力行」之內容第一是

[40] 蔣總統集，第二册，第一三四九頁。

[41] 同上第一四六〇頁。

核實，第二是節約。㊷

九、民國三十四年五月二十一日在六全大會紀念週講「黨員確立革命哲學之重要」，其中以「孫文學說」的自序，作爲注重「力行」的典範，重新檢討傳統的「知易行難」的副作用，以及「知難行易」學說的必需，以導引出「力行哲學」的具體落實。㊸

十、民國三十五年八月二十三日演講「廬山夏令營結業訓詞」中，強調革命成功在於「力行」，爲了要培養「力行」，需要養成科學的實事求是精神，以及科學辦事的順序。㊹

十一、民國三十六年九月十四日演講「幹部同志對敵最後決戰的方法與理論鬥爭的準備」中，指出了三民主義的精義，其中對人生的理解一項，提出「知行一致」；而這「知行一致」的內容是：「對人生的理解，是思維與存在合一。我們最高深的理論，以仁愛爲出發點，物我、內外、表裏、精粗，都以仁愛爲本源。」㊺

十二、民國三十七年一月四日演講「戡亂建國幹部訓練班的意義和任務」時指出：建立革命哲學的基礎，在於篤信力行哲學，腳踏實地，實事求是。他說：「我們的革命哲學是什麼呢？就

㊷ 同上第一四八〇頁。
㊸ 同上第一五一三——一五一四頁。
㊹ 同上第一五六八——一五六九頁。
㊺ 同上第一六二〇頁。

是　總理所說的知難行易，簡言之，就是力行。我常說：『力行就是革命』。我們唯有從行動中才能獲得眞知，亦唯有從行動中才能創造事業。」㊻

十三、民國三十九年是先總統　蔣公在「力行哲學」的發揮上，最豐收的一年，在這一年中，發表了五篇演講，都在闡明「力行哲學」。首先的一篇是三月十九日在陽明山莊講的「國民革命軍『第三任務』之說明」，其副標題是：「建國的基本任務在確立健全制度」。在講詞中，首先說明現代化就是科學化，而科學化的精神是實事求是，是力行。接着提出共產主義哲學的唯物史觀，與三民主義哲學的民生史觀作比較，而以共產的奪取與三民主義的服務人生觀，作成優劣的對比，而歸結出服務的力行，來完成國民革命第三期之任務。㊼

十四、接着的一篇是四月二日在陽明山莊講的「國民革命軍『第三任務』如何達成」，副標題爲：「說明科學化制度之重要」。文中提出成功的起點在於實踐，切戒過去空談誤國的惡習，養成篤實踐履的風尚。又特別重覆闡明「行的道理」的精義，以及　國父「知難行易」學說的目的。㊽

十五、再來就是六月十一日在陽明山莊講的「實踐與組織」，又名「推究國軍剿匪失敗的各

㊻ 同上第一六二四頁。

㊼ 同上第一六七〇頁。

㊽ 同上第一六七六頁。

種因素」。其中檢討失敗的原因，以為是沒有力行的精神與組織的力量。文中再次提出日本強盛之因，是由於王陽明「知行合一」哲學的推廣。因而主張要力行以復國。㊾

十六、最核心的一篇講稿是七月十三日在陽明山莊講的「總理『知難行易』學說與陽明『知行合一』哲學之綜合研究」。在這篇七千多字的講稿中，先總統用三個面向來探討知和行的課題：第一個面向是「動機」問題：認爲「知行合一」與「知難行易」，都有共同的動機，那卽是針對當時文化的沒落，而作出指點迷津、提出化解之道的救世工作，都是切救時弊。因此，陽明先生對當時的空言，把知和行分割的事實，提出了「知行合一」的學說，來挽救二者的割裂。而國父孫中山先生對當時「不知不能行，已知又不敢行」的情況，提出了「知難行易」的理論，設法改造成「不知亦能行，能知必能行」的信心。第二個面向是「體」和「用」的課題。首先指出二者的體不同：知行合一是道德問題，而知難行易是科學問題。卽是說：知行合一的知是良知，這良知是道德的主體，而且是先天的知。而知難行易的知則是科學的知，屬於理知的知，有關科學之知，都是由後天學習得來的。至於「用」的問題，則強調二者完全相同。知行合一所強調的是「行」，同樣「知難行易」所強調的亦是「行」，其目的都是要人去「力行」。二者站在不同角度，都在爲「力行」盡力。第三個面向把問題集中在「行」，討論行的層次問題。以爲人生的「行」有許多層面，有科技的行，有道德實踐的行；而知行合一的行是道德取向的，知難行易的

㊾ 同上第一七〇九頁。

行，則是科技發展層面的。[50]

這篇綜合研究，可以說　先總統集合了陽明與　國父二者的精華，而將這精華從「知行合一」和「知難行易」轉化為「力行」。

十七、民國三十九年有關知行問題最後的一篇講稿是十月九日在陽明山莊講的「建國建軍必先確立制度造成風氣（下）」。其中把「力行」落實到實踐新生活須知之下，以「堅定信念，實踐力行，作為建國建軍的根本。」[51]

十八、民國四十三年七月五日以及十二日在陽明山莊講「革命教育的基礎（一名「革命哲學入門」）」，副標題為「闡述知難行易與知行合一的學說是一貫的」。在這篇講稿中，　先總統再次提出「知行合一」和「知難行易」的問題，認為尚有些小節需要補充說明。這說明就是強調二者的一貫性：以為陽明在「知行合一」的問題上，並沒有否認知識上的「知難」，而　國父亦根本沒有忽視道德實踐上的「行難」。隨後就是闡述陽明學說的豐富內涵，由良知、致良知，才走向知行合一之境。這種「致良知」的「行」，基本上可以補足　國父的「知難行易」，可以用道德來提升科學。[52]

---

[50] 同上第一七一八——一七二三頁。

[51] 同上第一七四〇頁。

[52] 同上第一八九九——一九〇〇頁。

十九、民國四十五年一月九日與十六日，主持革命實踐研究院總理紀念週；二十二日於分院主持第一次黨務工作會議所講的「反攻復國心理建設的要旨與建設臺灣為三民主義模範省的要領」中，特別論及孫文學說為心理建設的理論根據，而把力行哲學的起步工作界定在個人精神修養，以為精神建設為基礎；而決心和信心是做好心理建設的準備工作。[53]

二十、民國五十年十二月二十六日對全國青年代表會議講「建立三民主義的中心思想」，副標題是：「有恆、務實、力行、革新、動員、戰鬥」。在論及「力行」時，曾說：「力行就是要本於知難行易的革命哲學，言行一致，知行合一，一寸十分的去做。」[54]

二十一、民國五十二年五月二十六日「對孔孟學會第三次大會頌詞」中，指出孔孟之學是「知行合一」，「心物並重」的，提出「今天我們不但要研究孔孟的學說，而且要實踐孔孟的學說，不僅要做到『好學近乎智』，而且要做到『力行近乎仁，知恥近乎勇』。」[55]這樣，又把力行哲學與儒家傳統思想連貫起來。

從上面所引的篇章中，我們很清楚地窺探出先總統 蔣公對「力行哲學」的開展；而在這開展的思想歷程中，總是與傳統文化相連，與當代需要相接。這種承先啓後，繼往開來的思想，原

[53] 同上第一九三六——一九四八頁。
[54] 同上第二〇五〇頁。
[55] 同上第二〇七九頁。

也就是集大成哲學的特色。

叁、力行哲學的內涵

從上面知行問題的開展中，我們透視了力行哲學史的發展，從殷商時代就開始的中華文化，其道德取向使尚書的記載，在知行問題上表明了「非知之艱，行之維艱」的態度，這種「知易行難」的看法，一直深入民心，影響中國幾千年。一直到宋明諸子，其「不知不能行，知之又不敢行」的心態，更造成了「坐而言」，而不敢「起而行」的空談；於是王陽明提出了解救的方案，卽是「知行合一」的學說，以及實踐此學說的「存天理」「去人欲」的「致良知」。西方科技的衝擊，迫使中國在現代化的過程中，不得不在自然科學上紮根，於是由 國父倡導了「知難行易」的學說，來勸導國人「能知必能行」「不知亦能行」的原理，而更以「不行不能知」的警語，來領導國民去力行。先總統 蔣公秉承了 國父遺教，同時又私淑王陽明，因而提出「力行哲學」，作爲統合「知易行難」「知行合一」「知難行易」學說的終極歸向。

當然，在哲學範疇的研究中，「知」和「行」都不是實體，不是獨立存在的東西，而都是附屬在某一主體的行爲，或附屬品，或屬性。「人」才是知和行的主體。在人的主體性沒有被界定之前，空談知和行是沒有意義的。

上面第一部份的「人性」中，已經粗略地提到過，「知」是人的理知行爲，屬於頭腦；「行」是人的意志行爲，屬於良知。一個人上有頭腦，下有良知；頭腦能够分辨眞假對錯，良知才曉得是非善惡。頭腦是聰明才智的主體，而良知是心靈豐饒的主人，一個人的價值，必需在於頭腦和良知都正常，一個君子或聖人，則必需同時是智者(頭腦銳敏)，同時是好人（良知豐饒）。這種「人性」的二向度，也正是包括了「知」和「行」兩個面向。

禮記禮運篇的「選賢與能」，也正是說明爲領袖的充足且必需的條件，就是銳敏頭腦的能，以及心靈豐饒的賢。當代的語言是說：有學問又有道德。

力行的內在涵義，也就在於有豐富人性。

這裏說的「人性」，當然也就包括「人生」的兩個向度：獨立性與羣體性。上面提及的：一個人生存在天和地之間，他的自我意識與自我超越，總定位在「頂天立地」的目標上，這是要達到終極目標「天人合一」的漸進設計，亦是「君子」形成的必需條件。人的另一向度是：生活在人與人之間，這是羣體性的展示，意識到自己的能力是要替大衆服務，於是形成「聖人」的典範，而締造出安和樂利的社會；銜接傳統的「天下爲公」「世界大同」。

這樣，「力行哲學」的內在涵義，也就在完成人性的各種向度中發揮作用。

一、人性的內涵和外延課題：內涵也就是人的獨立性，說明其單獨的尊嚴和價值，是生存在天和地之間的表露；外延是人的擴延性，是其生活在人與人之間的實在，這指陳了人的羣體性，展示一個人並不是孤零零地一個人單獨存在，而是與許許多多的人生活在同一個環境之中。在三民主義哲學中表示出，這內涵和外延有相當豐富的體裁，我們可以用最濃縮的方式，用一表解來說明如下：

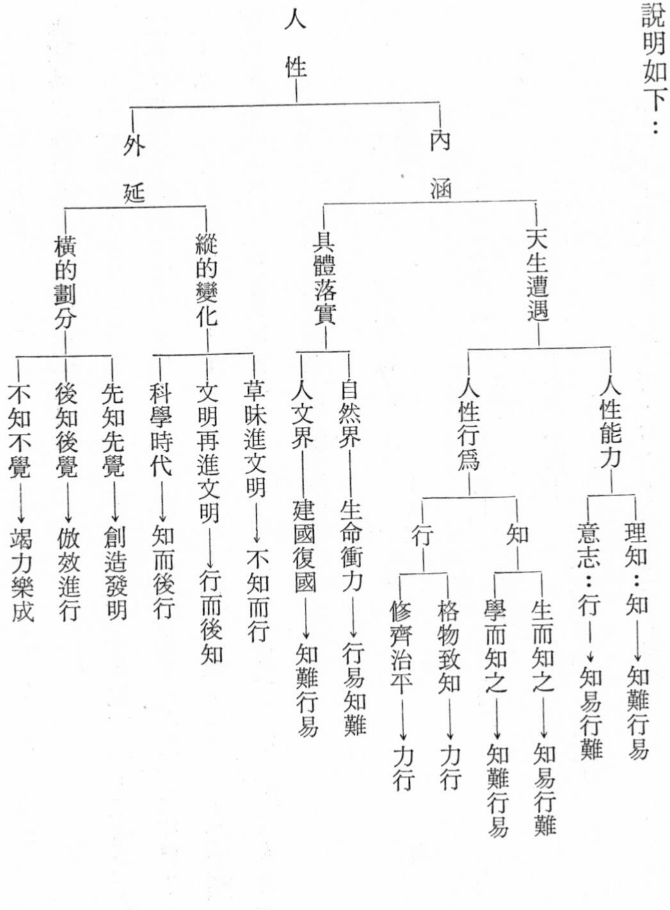

上表所提出的「人性」，其實都在指向「知」和「行」的兩種能力，作為思考的基準，而在難和易二種尺度中，去衡量整個課題。

在另一個向度中，「知」和「行」的行為，並不是獨立的，二者除了附屬於人性，作為屬性之外，都是主動的，都有目標，都有對象。知道什麼？或是去做什麼？都是哲學問題所屬。而且，站在人生的體驗來看，「知」祇是起點，祇是過程，「行」才是實際，才是目標；而終極目標則是完成人性，或是發展人性。在完成人性的目標中，個人的天人合一，以及羣體的世界大

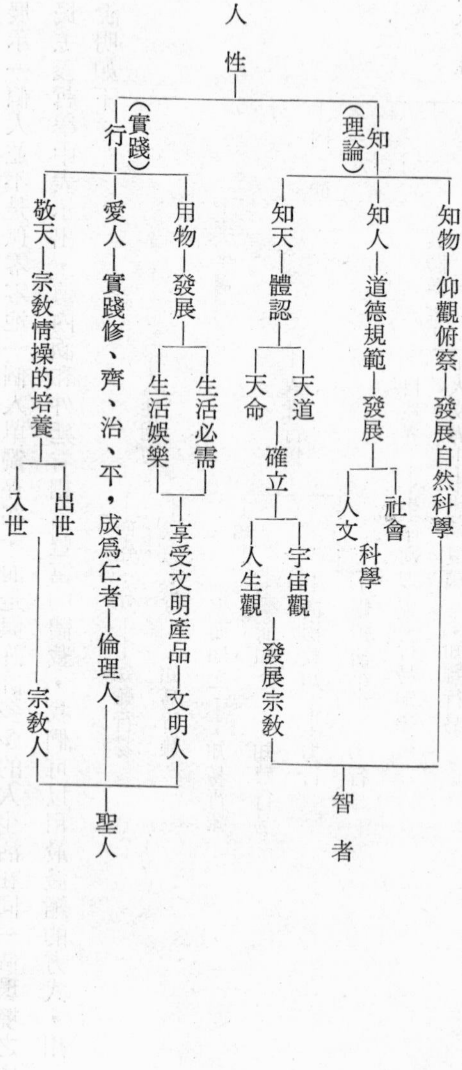

同，才是終極目的。因而，在「卽知卽行」的出發點來看，知和行的關係可用上表來表達。

　知行問題的這一向度，展示了人性走向智者和聖人的目標，人性的成長，於是發展到高度。但是，在另一方面，人性成長本身，又涉及到獨立性與羣體性，因而，在「君子」的獨善其身，以及「聖人」的兼善天下，又可在另一表解中展示出來，那就是：

　一個人意識到自己生存在天和地之間，自有「頂天立地」的豪氣，因而在分析自身的存在時，自覺到自身的天生元素就是「天」和「地」，那就是「精神」和「物質」的融通，亦卽靈魂和肉體的存在。天、地、人三才的認知，其中已包含了人性本身的「與天地參」的原理。

　這種人的上下二元，正表示出「頂天立地」的精神。在三民主義的本體原理中，其心物合一論也正是這種「天人合一」的最終理解；但是，先總統　蔣公在「心物合一」的理解中，特別加上了那句「視心重於物」，這是重精神的「心物合一」；整篇「解決共產主義思想與方法的根本問題」，都是在本體的探討中，排除唯物，排除唯心，而在心物合一的本體動態進程中，選定「視心重於物」的層面。於是，個人完美的尺度，落實到精神的完美上，這也正符合　國父進化論在「國民以人格救國」一文中，人性應發展到「減少獸性，增多人性」，乃至於發展到「消滅獸性，產生神性」的境界中。[56]進化的由物到獸、由獸到人、由人到神，於是完成了進化的終極目標。

可是，提到進化的目標，國父孫中山先生在孫文學說第四章中，明明說：「人類進化之目的為何？即孔子所謂『大道之行也，天下為公』，耶穌所謂『爾旨得成，在地若天』，此人類希望，化現世的痛苦世界，而為極樂之天堂者是也。」[57]這是說人類社會，透過人際關係之後獲致的境界。也就是「人」的另一座標，如圖示：

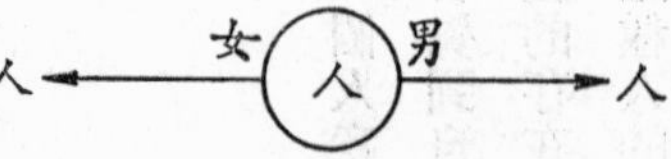

一個人生活在人與人之間，開展了其羣體生活；這是人性的另一面。在哲學探討中，「人」是抽象的名詞，落實到具體世界上時，都是個別的人；而這個別的人最清楚的就是男與女兩大類，男女兩性的結合才是完整的人性。而男女的結合也正展示了替天行道的化工，那就是傳宗接代。在具體世界上，人的出生是由父母的結合而來，這也就說明了「有男女，然後有夫婦；有夫婦，然後有父子」[58]的人際關係。由父子關係的延伸，到達社會中各層的人際。這人際關係在孟子看來，是人與禽獸的分野，那就是「父子有親，君臣有義，夫婦有別，長幼有序，朋友有信。」[59]這人倫後來被稱為五倫，

[56] 國父全集，第二冊，第五四四——五四五頁。
[57] 同上第一冊，第四五五頁。
[58] 周易，序卦傳中篇。
[59] 孟子滕文公上。

是人際的五重關係，這些關係的正常化，也就是大學中所指的齊家、治國、平天下的社會發展。

「力行哲學」所要做的，也就在發展個人成爲君子，發展羣體成爲安和樂利的社會。這顯然是道德取向的人生哲學。

二、知的課題：在知的課題中，我們用天羅地網的方式用「三知論」的知物、知人、知天，來貫穿知識的全盤意義。不過，在「力行哲學」的內涵中，還是以「人」爲中心的開展。無論在「知」的層面上的那一種知，是生而知之，學而知之，困而學之都好，當然可以用知物、知人、知天的三大課題來涵蓋，但在三民主義知識論的目標中，仍然以進化軌跡來看人，知道他是從物到獸，從獸到人，從人到神的進化。因而，人性不是靜止不動的，它在進化，而且透過「力行」的道德取向時，它的進化軌跡亦就是順着從人到神的路上走，是不斷擺脫獸性的束縛，而邁向完美的人性，而抵達神性的。自然科學研究物的層面，宗教研究天的境界，但這二境界或層面，都在知人的動態進化中呈現。可不是嗎？人性縱的座標所展示的靈肉問題，正是包括了天人關係，亦向着天人合一的境界邁進。人性橫的座標所表現的男女問題，亦正是人際關係的開展，指出了人際關係最基本的是相互需要以及相互補足，而不是互相鬥爭或相互仇恨。

對人性這縱橫座標的認知，對界定人生的定位給予莫大的信心和鼓勵，而在這對「人」的認識之後，就設法去實踐、去力行。

三、行的課題：在三民主義的人生哲學中，其一開始的人生觀，就是服務的人生觀，這服務需要自我奉獻，自我犧牲，而終於瞭解到「生活的目的在增進人類全體之生活，生命的意義在創造宇宙繼起之生命。」[60]，以及「一粒麥子，如果不落在地裡死了，終究只是一粒；如果落地死了，才會結出許多麥粒來。」[61]

行的課題屬於實踐哲學部份，有充實自己的修己工夫，有兼善天下的成人工夫，合起來也就是內聖外王的作法。充實自己當然就是增加知識，發展銳敏的頭腦；以及豐饒自己的心靈；而從豐饒的心靈中，發展出服務人羣的心願和實踐。這修己成人的工夫，原就是我中華文化道德取向的遺產，深植在炎黃子孫的心田內，祇要不被物慾所蒙蔽，祇要反身自誠，也就會認同這「力行」的結論。

結論

力行哲學是傳統與創新的綜合成果，是由先總統　蔣公從「非知之艱，行之惟艱」以及「知行合一」，和「知難行易」等學說濃縮而開展出來的實踐哲學。其理論部份是革命事業之成功在於力行，而其實踐部份則是以身作則，來勸導國民參與建國復國工作。

---

[60] 自述研究革命哲學經過的階段，蔣總統集，第一冊，第五八一頁。

[61] 約翰福音第十三章第二十四節。

這力行哲學的結論也正如　國父孫中山先生所說的：「萬衆一心，急起直追，以我五千年優秀之民族，應世界之潮流，而建設一政治最修明，人民最安樂之國家，爲民所有，爲民所治，爲民所享也。」[62]同時亦印證了先總統　蔣公的遺訓，他說：「遵奉　總理『知難行易』的學說，實踐力行，來建設三民主義的新中國，完成國民革命的偉大使命。」[63]當今總統蔣經國先生亦在他的「勝利之路」中，提出了「力行」的理論與實踐，他說：「 領袖更進一步地引申　國父『知難行易』學說，說不但要『行』，而且要『力行』。……俗語說：『與其坐而言，不如起而行。』說一句，做一句，說了必做，不做不說，甚至做了不說，埋頭苦幹，才是實實在在的『力行』……必須人人力行，不離開自己的崗位，不放鬆自己的責任，一點一滴的做去，才能消滅共匪，完成國民革命第三任務。」[64]

---

[62] 建國方略，孫文學說（心理建設），自序。國父全集，第一冊，第四二一頁。

[63] 總理「知難行易」學說與陽明「知行合一」哲學之綜合研究，蔣總統集，第二冊，第一七二二頁。

[64] 蔣經國著「勝利之路」，幼獅文化事業公司印行，民國六十五年一月四版，第六〇——六二頁。

三民主義哲學的現在與未來

緒論

三民主義哲學字面上講，包含了二因素，「卽三民主義與哲學」。這種由二因素結合而成的學科，就如儒家哲學，德國哲學，人生哲學一般，統由二因素構成。如果說儒家哲學包含了先秦的孔、孟、荀，宋明的程、朱、陸、王，以及當代的一些學者的話，則三民主義哲學也就是開創者國父孫中山先生，以及其最重要繼承人先總統　蔣公，還有當代的一些研究三民主義哲學的學者專家。

國父孫中山先生不是有意地，特別探討哲學思想，祇是稍爲提及：研究事物的方法有兩種：一種是觀察，叫科學；一種是判斷，叫哲學❶。又在創立「行易知難」學說時，用了許多

❶ 民權主義第一講，國父全集第一册第六十七頁。

哲學的論證。但是，這些都是思想的運用，不是哲學體系架構的意圖，到了先總統　蔣公，却是特意地研究王陽明的哲學，而且明白說出「無論什麼主義都有哲學思想做基礎」❷，更在「力行哲學」上發揮了許多哲學性的見解，尤其是在那篇「解決共產主義思想與方法的根本問題」裡，表現了哲學思想的高峯。

在研究三民主義哲學的學者方面，近半個世紀來，也有不少的成就，中央文物供應社收集了多方面的文章，出版了「三民主義哲學論文集」❸，其中有不少創見和提供了許多不同層次的研究；其方法與成果都很值得重視。

我們這就分二章來探討今天的課題：先論述「從過去到現在」的三民主義哲學實況，後展望「從現在看未來」的三民主義哲學前途。

第一章　從過去到現在

除了上述的「三民主義哲學論文集」之外，坊間也有不少有關三民主義哲學的書❹。無可諱言的，這些著述的作者，多爲研究三民主義的學者；或者，是在大專院校執教三民主義課程的老

❷ 三民主義之體系及其進行程序，蔣總統集第一一三九頁。
❸ 戴季陶等著，中央文物供應社印行，四〇六頁，民國六十七年五月二十日出版。
❹ 如崔垂言，崔載陽，任卓宣，周世輔，柳嶽生，周伯達等人的著作。

師；而極少是哲學研究工作者，參與其事。但是，因爲三民主義教學中，沒有「哲學」一項；而且，在哲學的課程中，亦沒有「三民主義」一門。於是，三民主義哲學一門功課，就游離在三民主義科與哲學系之間。更重要的一點是：哲學的專業者少有研究三民主義的人，因而，幾乎所有的著作，凡是冠以三民主義哲學者，都出自三民主義研究者之手，而不是出自專業的哲學者之筆。因而，三民主義哲學就祇是三民主義項下的一環，就像開始時的三民主義政治學，三民主義社會學，三民主義經濟學一般，並沒有走進「哲學」「政治學」「社會學」「經濟學」的堂奧，而祇套用一些相當老舊的名詞，把三民主義演講中零星存在的部份，套上傳統的一些體系。就如把「知難行易」作爲三民主義的知識論，把「心物合一」作爲三民主義本體論，把「服務的人生觀」當作三民主義的人生哲學；這樣，哲學從知識到本體，從本體的形而上到人生哲學，的確形成了標準的架構，但是，三民主義的整體性，都因此支離破碎了。

於是，三民主義的學術性，因爲過份湊合哲學性，而變成了不是我們感受到的三民主義。也就因此，才有了「三民主義學術化」以及「學術三民主義化」的提倡。

過去的三民主義哲學的架構，大多採用西洋哲學概論的原始格式，用「知識論」，「形上學」，「價值哲學」重點式的開展；在實踐上，就是在 國父孫中山先生的著作中，或是在先總統 蔣公的遺著中，部份的內容，去套西洋的這種哲學架構；也就是說，不是以整體的三民主義思想，去研究其思想的整體性，因而沒有整體的，獨特的三民主義哲學；有的祇是三民主義中，零星的思想，甚至是不連貫的思想。

原因就在於：國父孫中山先生不是專業的哲學家，先總統蔣公亦不是專業的哲學家，因而，他們的著作都不是專業性的哲學著作；如果硬要用哲學的嚴謹體系來衡量這些不是專業性的哲學著作，則顯然的會暴露出體系的弱點，甚至會出現牽強附會的情形。

當然，國父和先總統蔣公的著作中，都有哲學思想，而且都有深厚的哲學理論，甚至亦可以編成完整的哲學體系，但是，這些著作的體系，都不是專業哲學著作的體系。三民主義的著作不是專業的哲學性著作；因而，亦不能用專業的哲學架構來分析它。

因而，在三民主義整體著作中，如果去湊合知識論、本體論，價值哲學的架構，也就造成被解剖的命運，而變成不是「哲學」（因爲體系的聯繫不嚴謹），變成不是「三民主義」（因爲被分割成支離破碎了）。

從過去的一些「三民主義哲學」著作中，都會出現這種危機。

目前，這種危機似乎有好轉的現象，那就是「三民主義學術化」以及「學術三民主義化」，相輔相成的效果所催生。這效果所致，就是引起一些當代學者去研究三民主義：哲學的專業者，站在哲學的專業立場，去研究三民主義哲學；經濟學者去研究三民主義經濟學，政治學者去研究三民主義政治學等；以專業的眼光來研究三民主義學術的精華。

也就在專業者的學術眼光來研究三民主義，很快地就會發現，三民主義自有其獨立的體系，不能用一般性的，尤其不能用過時的常識判斷，來解剖三民主義；而應當設計出一套專爲研究三民主義的、哲學的、經濟的、政治的、社會的體系，來瞭解三民主義的整體思想。

哲學在這方面，也有其特殊的任務，以及需要特別的設計，它不可能滿足於西洋十九世紀的知識論、形上學、價值哲學的三分法。

三民主義哲學的設計究竟如何呢？

我們可以連結下面三句話，作爲基本的架構：

「無論什麼主義，都有一種哲學思想做基礎。」❺

「三民主義的哲學基礎是民生哲學。」❻

「仁愛爲民生哲學的基礎。」❼

這末一來，從三民主義尋根的方法，找到民生，再找到仁愛；或者，從仁愛的德性發展民生，再推展到三民主義。

在另一方面，三民主義的本質是「倫理」「民主」「科學」❽，當然是以「仁愛」的方式，

---

❺ 如註❷。

❻ 戴季陶，孫文主義之哲學的基礎，見三民主義哲學論文集，一一頁，三九～四〇頁。

❼ 同上。

❽ 三民主義的本質，蔣總統集第一八四二頁。

來解決民生問題。

再推廣一些，三民主義思想是繼承了中國道統、西洋精華，以及 國父自己的創見。❾這道統、這精華、這創見，因而亦都在發揚並展示倫理、民主、科學，而且都以仁愛之心爲出發點，而解決民生問題。

因而，「民生問題」，或是「民生哲學」，才是三民主義哲學整體的涵義，它需要仁愛爲基礎，它需要包含中國從堯、舜、禹、湯、文、武、周公、孔子一脈相傳的道統，也需要西洋的文化精華，再加上 國父的創見；而且要能够發展倫理、民主、科學。

這樣，三民主義哲學的整個輪廓，才逐漸的形成；而且亦要以這種「民生史觀」的方式來探討「哲學」的問題，來發掘出中、西文化以及哲學的根本意義，來界定三民主義內涵中的中國道統，西洋精華；尤其要排列倫理、民主、科學的先後次序。最後，還要在世界哲學發展的趨勢中，預言三民主義哲學的未來地位。

我們這就嘗試用這三個面向，設法導引出三民主義哲學的架構。

㈠史的發展：

無論中國早期哲學的開始，或是西洋文化的開端，都可以歸類到解決民生問題的情事上；像伏羲、神農、燧人、有巢等名字的歷史意義，都是表示聰明才智之士，在觀察到民間疾苦之後，

❾ 三民主義之體系及其實行程序，蔣總統集第一一八三頁。

掀起了對自己天賦的反省，而把自己的天賦奉獻出來，服務人群大衆。服務人生觀的哲學思想的確是中國哲學的開創期特性；從這特性，才可理解繼起的禪讓時代，以及禮記禮運篇政治領袖條件的「選賢與能」。在西洋方面，紀元前七、八世紀地中海沿岸人口的增多，糧食的不足，而使柯林士要用移民的方法，解決民生問題，使斯巴達窮兵黷武，去侵略殖民，使雅典改變生產的方式，從農業進入到工商業。如此，西洋的社會就由工商的競爭所籠罩，其「爭生存」的課題也就成爲文化的主流。

當然，中國的「禮讓」並沒有維持多久，而引起了春秋戰國混亂的局面；這亂世的衝擊就催生了先秦諸子的哲學等思想，如何在據亂世中進入昇平世，再進入太平世；無論是道家的「人與自然」，或是儒家的「人與人」的關係，都在塑造理想的人和社會；這當然是較高層次的民生問題。

西洋在相同的情況之下，由競爭演變到奧林匹克，後者又催生了對內的奴隸制度，以及對外的殖民政策。在「人權」的平等觀念下，希臘哲學應運而生，其探討的問題雖屬理論，但其落實下來的，則是柏拉圖的理想國，以及亞理士多德的倫理學。柏氏與亞氏都希望建立一個理想的國家社會。

中國的孔子周遊列國，其學說不爲諸侯所接受。

柏拉圖在希臘城邦中，亦到處奔走，其理想國的設計，亦不見容於當時各邦主。

中國儒、道的沒落，無論是形式的禮教，或者是道教的畫符、煉丹、算命、看風水，都把

「修身爲本」的原則給遺忘了。

西洋變本加厲的奴隸和殖民，終使雅典亡於羅馬人之手。佛教把「修」帶給了中國，釀造了隋唐盛世，同樣，基督宗教把「博愛」的信仰，傳入了羅馬，而消除了奴隸制度。哲學從民生問題的底層，進入到超凡入聖的最高層。

西洋基督宗教「博愛」思想的沒落，和我國佛教「輪迴」信念的忽視一般，失去了宗教情操，而演成了西洋對外殖民的加級。

而中國由於西洋科技的衝擊，在拋棄了宗教輪迴報應的信仰，以及倫理道德的尊重之後，畢竟跌入唯物共產的浩劫之中，造成民不聊生，生靈塗炭的悲劇。

從上面極簡短的中西哲學與文化的發展中，可以結論出，民生問題的解決，由於人性互助合作的實行，而後者所持先是哲學思想，後是宗教情操；在宗教情操沒落之後，道德隨之瓦解，民生問題淪爲難題。

㈡**內在涵義**：縱觀史的發展，民生問題的解決在於人類的「愛」與「互助」；而民生的窮困，則在於人與人之間的「爭」與「自私」。再看三民主義的「內涵」，文字表面所呈現的，無疑地是「爭」，是「爭取」個人的，以及國家民族的生存的權利。但是，這種「爭」的動機却不是「爲爭而爭」，而是在爲「愛」而爭；而且，這種同胞愛、民族愛，乃至於人類愛、世界愛，所發展出來的效果，眞正是修身、齊家、治國、平天下的「太平世」終極理想的進程。

在動態的宇宙和人生中，進化的設定，原是由簡而繁，從物到獸，從獸到人，從人到神⑩。而「人」在這種進化的軌跡中，一方面有過去遺下的獸性，另一方面又有將要發展可能的神性；獸性呈現「爭」，而神性表現「愛」。三民主義哲學的最終基礎是「仁愛」的理論，也就顯示了其從人到神的發展理路⑪。

因而，三民主義哲學的內涵，也就在三民主義的本質的倫理、民主、科學中，以「人」爲中心，處理「人」的問題，以「愛人」的前題，來解決民生問題。

(三)當代意義：哲學思想的發展，無論中、西，都如前面所說的，來自對「人」的憂患意識，對「民生」問題的憂心；從民生問題發展到對國家民族，甚至人類的「命運」；同時，更在這「命運」的意識中，突現出自己的「使命感」。柏拉圖如此，孔子亦如此。而這「使命」催生着對「國泰民安」的設計。如何能使「國泰民安」同時又不傷及「天下平」的終極理想，那就要考驗哲學家的智慧了。在當代的政治努力中，有的以爲可以搜括民間所有，而使國家富強；也有的以爲藏富於民，才是國家富強的正途⑫。

這原就是哲學中個人與群體的關係問題、權利與義務分野的問題、近程目標與遠程目標的設計問題。

---

⑩國父全集第二册第五四四頁。
⑪同上。
⑫三民主義與共產主義的經濟措施，恰好成此對比。

在這裡，我們不妨作一嘗試，連結 國父孫中山先生直綫進行式的進化三階段，以及先總統 蔣公的循環迴歸式進化，作成三民主義的哲學體系。

國父孫中山先生的思想是從太極開始，經物質進化到地球，然後進入物種進化，由生元進化到人類，再從人類的進化，從人進化到神⑬。原是直綫的發展方式。

先總統 蔣公把「神」和「太極」連結起來⑭，而構成了迴歸式。

總其成得下表：

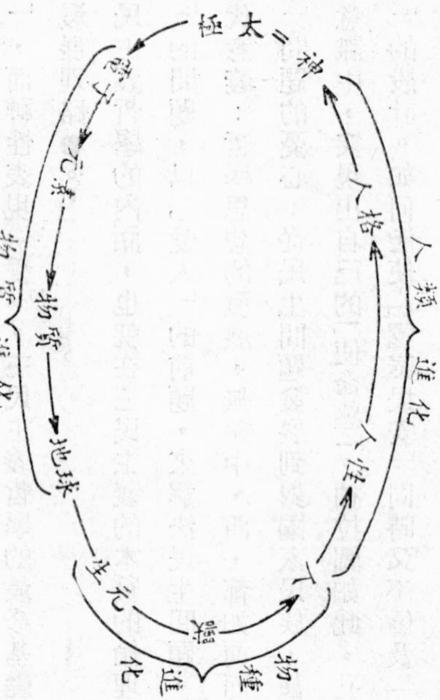

⑬同註⑩。

⑭解決共產主義思想與方法的根本問題，蔣總統集第一九一九頁。

從過去到現在的三民主義哲學體系，可以說已經劃定了上述的「進化」宇宙論，而在這宇宙論的落實情形，包含了人性中的獸性競爭的部份，但同時亦包括了人性中發展到神性的可能性，而後者的人類進化的原則，是從競爭超脫出來，走向互助。人類的遠景，不是強調他的過去，而是對未來的展望，而這展望是「神性」的來臨；在具體社會中，也就是「天下爲公，世界大同」，以及「爾旨得成，在地若天」⑮。

第二章　從現在看未來

三民主義哲學的未來，一方面要看三民主義整體落實到政治和社會的未來，他方面要看哲學在世界上的發展動向。有關前者，本屬政治發展的課題，不在本論文研討之列。有關後者，則可有三種可能性：一爲正如我們所願，世界未來的哲學是以三民主義哲學爲主流；二是與我們意願相反的，未來哲學思想中，三民主義哲學根本沒有地位，或是地位低微；三是世界各科哲學，連三民主義哲學在內，都以相輔相成的方式，互相補足，互相尊敬；亦卽是說，三民主義哲學是世界未來哲學的一支，與其它哲學共同建設世界哲學。

在這裡，我們很難用預言的方式，斷言上面三種可能性中的那一種，是必然的情況；也許，

---

⑮ 國父全集第一册第四五五頁。

我們可以用期待的心情，或是努力奮鬥的自許，期望三民主義哲學成爲世界未來哲學的主流，或至少成爲世界未來哲學的一份子，而不至於成爲不佔任何地位的學說，更不至於默默無聞。這樣，預言的課題就一變而爲期許的課題，可能性的猜測就一變而爲條件式的命題。

如果三民主義哲學的發展，在最近的未來，能够涵蓋「人性」的整體，能够在內涵上「順天應人」；能够在形式上融通中西，並且，能够落實下來，解決當前世界問題，則其成爲世界哲學主流，至少成爲世界哲學一支，就可不成問題。但是，如果三民主義哲學缺少這種涵蓋的力量，甚至走進封閉的體系，不能寬宏大量地容納外來文化，則將成爲不爲世界哲學接受的命運，自可斷言。

換言之，就是要看三民主義哲學的發展，是否變成完美的哲學？適應於全人類的哲學？能够領導全人類走向安和樂利的哲學？

因此，我們在邏輯上無法斷言三民主義哲學「將會」怎樣的「實然」問題，而祇能在「應然」的課題上，找出其可行性，以及我們對它的信念和信心。

這樣，從現在看未來，這課題所能期待的，也祇局限於「何謂三民主義哲學？」其「內涵」如何？其「潛力」有多少？其「體系」如何能涵蓋宇宙和人生的根本問題？

我們這就進入主題，先從「現狀」的檢討開始，然後以之作基礎，開展出未來的遠景。

(一)現狀：三民主義哲學的現狀，並沒有完整的體系，坊間的著作，多是爲了配合哲學概論的式樣，拼湊着說出知識論、本體論、人生哲學的部份，尚沒有以三民主義內容爲首先考慮的對象，從中抽離出哲學思想的嘗試。尤其是中國近百年來，飽受西方的各種各樣的侵略之後，知識份子一方面由於愛國情操，而掀起了一連串的自救運動以及自強運動；而且，就在自救與自強中，表現了極度的反侵略、反帝國主義的熱潮，把所有不平等條約帶來的東西，都視爲反對的對象。在另一方面，自強運動所激起的，是西洋科技的無條件接受和學習，而在接受科技前提下，同樣接受了當時的西洋人文和社會的思想。於是，西洋十九世紀的末流思想，唯物、共產、實證、實用、功利、進化等思想，都成爲我國士大夫自強藉口下，全盤接受的東西。這些十九世紀的思想，有一個共同的特性，那就是人際關係的「競爭」，「仁愛」和「互助」的成份很少。把這「爭」的人際關係，落實到政治社會中，落實到國際關係時，就成了「霸道文化」的典型。

「霸道文化」的結果，自然就反省到中國過去王道文化的存廢問題；於是，一些士大夫又在自強的口號下喊出了「打倒孔家店」，否定了傳統文化的重要性。

在別的一種層次上，西洋文化中，足以對抗唯物共產思想的基督宗教，則被視爲不平等條約的結果，而一併被遺棄和拒絕。

中國近代所有自強運動和自救運動，濃縮在五四運動之中的，在文化思想上就形成了下面幾個特性：

①接受西洋科技。

②接受西洋十九世紀思想：唯物、共產、實證、實用、功利、進化。

③打倒孔家店。

④反對基督宗教。

於是，「唯物」「無神」成了中國在自救運動中的思想重心。這是士大夫思想上的偏差。但是，目前仍然有人用這種尺度和內涵，去理解三民主義，去規劃三民主義哲學。

其實，三民主義的精神，根本上就與「唯物」「無神」相反；一方面因爲它在理論上，是採取了中國道統，以及西洋精華；另一方面，它的內涵，以及它的創始人和主要繼承人，都強調中國道統，西洋宗教的重要性。

我們就看發生「五四」的民國八年吧！雖然士大夫圈子中高喊「打倒孔家店」，但是，國父孫中山先生却默默地出版了他的文言本的「三民主義」。這本書究竟談論什麼？這就可在民國十年第三國際馬林，在桂林問 國父時所獲得的回答：「中國有一個道統，堯、舜、禹、湯、文、武、周公、孔子相繼不絕，我的思想基礎，就是這個道統，我的革命就是繼承這個正統思想，來發揚光大。」⑯

國父孫中山先生的思想是承傳中國道統的。

再進一層，國父—三民主義創始人，與先總統 蔣公—三民主義最重要的繼承人，都是虔

⑯ 蔣總統集第二一四〇頁。

誠的基督徒，無論　國父所講的「以宗教補政令之不逮」[17]或者在　先總統的「解決共產主義的思想與方法的根本問題」文中，都可看出非常明確的宗教信仰[18]。而且，更重要的，是在這篇講詞中，排除了唯物的思想，直接強調「心物合一論」是「視心重於物」的[19]。更在別處，直接說出了「三民主義的精神就是基督宗教的精神。」[20]

因此，這段思想的結論就是：三民主義哲學的現狀，雖然有許多地方滲進了唯物無神思想，但那是有意或無意地曲解了三民主義；三民主義哲學的精義，原是奠定在中國道統的仁愛，以及西洋基督宗教的博愛上。　國父的創見也就是他的大仁大智，在動蕩迷失的反傳統反宗教的氣氛中，指出了中國建國復國的新希望；而　先總統更能在各種唯物無神的學說中，道出了中、西文化合璧的精義，以及解決共產主義的根本方法。

(二)**展望**：西洋文化在表層上雖有民主法治，但其基本精神却在於基督宗教情操，因而，西洋十九世紀的各種沒落思想，並沒有危害到西洋。西洋在思想上的免疫作用，不能不歸功於其深厚的宗教根基。世界未來哲學的發展，不接受西洋精華則已，要接受就一定尋根到宗教。

[17] 國父全集第二册第二六二頁。
[18] 蔣總統集第一九二七—一九三二頁。
[19] 同上第一九二八頁。
[20] 同上第二三八二頁。

三民主義哲學，必須是三民主義，必須是哲學，而且必須是二者融爲一體的三民主義哲學。有這三個缺一不可的條件，才能稱爲眞正的三民主義哲學。說得清楚一點是：三民主義哲學有其獨立性，卽三民主義；同時亦有它的普遍性，那就是哲學。也就在獨立性中，顯出它的特色；在普遍性中，窺見它的適應性。

如果世界的未來哲學可以用人類的「共命慧」來表達的話，那末，現在的三民主義哲學至少就表現並提供着其本身的「自證慧」。問題的關鍵就在於：在這共命慧中，在許許多多的自證慧中，三民主義哲學有何地位？是主導？是部份之一？或是祗佔着補助的地位？

我們且分爲二個面向來探討這課題：

⑴世界未來哲學的成員：就在目前來看，現有的哲學派系，相互之間衝突的學說固然存在；但是，有份量的哲學家總是在尋找更根本的基礎，企圖突破各種矛盾和對立，創造一種超乎派系，超乎文化，超乎國界的哲學學說，來統一和整合各種已存的派系。當然，在這種整合工作未完成之前，各家各派仍然各自存在着，就如中國哲學，西洋哲學，印度哲學，阿拉伯哲學，美國哲學等等；或者以派系來分類：存在主義哲學，觀念論哲學，實在論哲學，功利主義哲學等等。總之，「分」的現象仍然佔有最大的份量，也就在這「分」的情況中，那一派、那一家會是主導？那一種學說會沒落？那一種會成爲附庸？就要看那一派能够符合下列的條件。

①融化力量最大，能包羅各派長處，最能順天應人。

②定出原理原則，化解全人類的各種難題。

③在變化莫測的世事中，把握住不變的原則。

④把握住的不變原則本身，又能隨機應變的「落實」在變化之中。

(2)在哲學未來發展主導地位條件中，我們看看三民主義是否足以擔當大任，是否最足以符合所有條件？首先，我們來看看三民主義的融化力量，它的融通中西文化精華的理論及實踐；它以「人」爲中心的思想體系，但不停留在「人」身上，而是寄望到人性向着發展的「神性」，這是順天應人的。

其次是人類的難題，從基本的民生必需開始，一直到人民的生活享受，都有極妥善的計劃；禮記禮運篇的描繪，也正是三民主義社會的未來遠景。尤其是人類進化原則「互助」的提出，更是人類解決困難治本的方案。「世界大同」的政治社會目標，關懷着全人類，是超國界、超民族界的理想，絕非一般狹窄的民族主義可比。

再來就是「從物到獸，從獸到人，從人到神」的變化原則中，找到了進化的不變原則，那就是從人到神的人類進化，必須依循的互助；方式可變，方法可變，但是，由仁愛爲基礎的互助不變。

最後就是理論落實的問題，在競爭日烈的世界中，把互助作爲體，以競爭爲用；這也就是三民主義所有文字表面所呈顯的「爭」：爭民族平等，爭民權自由，爭民生樂利；但是，在「爭」

的表象背後，都存在着思想基礎的仁愛；所有的「爭」都是爲了愛人民，愛國家，愛民族；沒有了這種民族愛、國家愛，三民主義所有的爭都成爲沒有意義的。

爭爲方法，愛爲歸宿的學說，無疑地是可落實的，亦是順天應人的。

因而，我們可以滿懷信心地結論出：三民主義是有前途的，三民主義哲學是可以主導世界哲學的，其條件就是要發展的方向正確，並且確實把握住三民主義的本質；綜合來說，就是下列兩點：

(1)融化力量的發揮：能取長補短；亦即是共命慧的追尋；設法融通中國道統，以及西洋精華。

(2)自證慧的展示：偉大的哲學不可能祇收集已有的見解，而是必須有自己的創見。這創見最重要的，就是突破民族界，突破國界的「世界大同」理想，以及達到此理想的方法。用三民主義表象的「爭」，發展動力的「愛」，才眞正是通往「太平世」的有效途徑。

結論

三民主義哲學的現在，是有各種具體著述可查，其偏差在於唯物和無神的誤解，而修正的方案也如上述：直接在國父全集以及蔣總統集中，尋找資料，把握住遺著的精神。三民主義哲學的未來，也就在我們自己手中，我們瞭解它、愛護它、發展它，它就有前途，如果我們用唯物無神來毒害它、來曲解它、來扼殺它，它也就會沒落。依上面的論述，自覺三民主義哲學是包容並蓄的，是可以成爲世界共命慧的，因而也深信它有遠大的前程。

有志之士，盍興乎來，參與這種救人淑世的壯舉！

從民族主義到世界大同

緒論

㈠問題的緣起：研讀三民主義原文，十六講之中，一開始的民族主義就佔了六講。而且在這六講原文中，很清楚地表現了愛國家、愛民族、愛同胞的熱情；亦即是說，表現了濃厚的民族意識。民族主義六講所展示的，是對中國文化，以及中國人血統的認同和歸屬；這種認同感和歸屬感，也就是構成民族主義最基本的因素，再加上前面的憂患意識，也就能創造出民族大義，乃至於領導民族革命，從民族主義的角度，走向愛國主義的目標了。

當然，國父民族主義六講祇是他三民主義的一部份，而且是在理論次序的前一部份；三民主義的實踐次序，並非從民族主義開始，而是從民生主義開始。民國五年七月十五日在上海粵籍議員歡迎會的「中華民國之意義」演講中，就把民生問題當作謀國的主旨。 國父說：「謀國必有四大主旨：一爲國民謀吃飯，二爲國民謀穿衣，三爲國民謀居室，四爲國民謀走路。」這原就是民生問題中食衣住行的課題。可是， 國父的民生主義祇講了四講，沒有完成全部含義就仙逝了。後來先總統 蔣公以「育樂兩篇補述」補足了三民主義十八講。而在育樂問題的最後，討論到人生的歸宿，同時亦是政治社會發展的目標時，把太平世的理想引用進來，以完成三民主義歷史哲學的最終目標，以及理想社會的描寫。

這「太平世」顯然的是超越了民族界、國家界的世界主義之中。

就連民國八年的孫文學說，提到人類進化的終極目標時，亦提出「人類進化之目的爲何？卽孔子所謂『大道之行也，天下爲公』；耶穌所謂：『爾旨得成，在地若天』」。

中國的孔子，西洋的耶穌，在 國父的心目中，都是世界主義的。

(二)問題的開展：上面提及的「民族主義」與「世界主義」的兩種思想，是否爲對立的？互相排斥的？或者互爲補足？抑是步趨上的先後？問題具體化一點就是：提倡民族主義是否就必須排外？

照上面所引證的一些資料，似乎把「民族主義」和「世界主義」看成是實踐次序的先後，比較有理論的基礎。在禮記大學篇中，把中國文化發展的實踐方案，不也說成是修身、齊家、治國、平天下的順序漸進嗎？「身修而后家齊，家齊而后國治，國治而后天下平」。平天下是政治社會的終極理想，而治國祇是進行過程中的一環，但却是必然的一環，不能跳躍，不可遺漏的一環。

㈢這種「民族主義」與「世界主義」的課題，是高深理論的課題，並非老百姓日常生活的問題。因而必須站在文化高處看。必須由擁有憂患意識的人去探討。民族主義與世界主義的課題，是由「以國家興亡爲己任」的人，以及「以人類問題爲己任」的人去負責的。當然，國家興亡，匹夫有責；而且，每一個人都應當擁有愛世界、愛人類的熱情；但是，事實上，如果把學術的課題和運動的實踐暫時分開，則「從民族主義到世界主義」，首先就是理論性的，適合於學術討論的。

㈣因此，我們在這裡，不談構成社會的最小單元的「個人」問題，也因此避免了所有個人主義與自由主義的疑難。在另一方面，我們亦不去談另一面的極端，以爲所有生靈在本質上都是同一的學說，以爲整體宇宙只有一個共同的靈魂的學說；這樣的世界主義因爲不落實到「國治而后天下平」的漸進方案，因而亦不在本文討論之列。

本文要討論的，是在這兩個極端之外的範圍：首先就是由個人構成的家族、種族、民族；如何復興民族，保存並發揚民族固有文化，是這個範圍內的責任。然後是由民族開始，漸漸突破民族的界限，而向着世界開放。這樣，以整個人類爲發展的目標，是一種人本精神，是以人為中心所發展出來的文化體系。

我們分三個面向來探討：首先指出 國父民族主義六講之精義（包括民國八年出版的文言文三民主義）；其次在中國歷史演變中找出對這問題的看法；最後指出從民族主義到世界大同的通路。

壹、國父孫中山先生民族主義精義

一、民族主義六講精義：

一開始，而國父孫中山先生就標明了「三民主義卽是救國主義」；在談民族的開始，也就是談救國。原來，民族主義也是救國方案之一。

第一講：是民國十三年一月廿七日。首先認定中國傳統家族主義到不了國族主義。而在這裡首次給民族主義下了界說，那就是「國族主義」，也卽是國家中所有民族，都包含在內。同時，在這裡亦劃分出民族與國家的不同點：以為民族是自然因素的天然力所造成的，而國家則是人為因素的武力造成的。

繼而提出民族的起源以及構成民族的因素，那就是㈠血統，㈡生活，㈢語言，㈣宗教，㈤風俗習慣。

第三點提倡用民族精神來救國，以爲要救中國，就要提倡民族主義。

第四點是關於人口的問題，以爲人口衆多，地大物博是國家強盛的要素，而認爲當時中國人口一直在減少，值得憂慮，而提倡多子多孫。

第二講：是民國十三年二月三日。討論了三個題目，都是有關中國當時受壓迫的情形：首先是外力壓迫，其中分政治的以及經濟的兩大類；再來是內在的壓迫，即是人口的不增加，有滅種的危機。 國父以爲，有了這三種壓迫，中國眞的危險了；以爲民族興亡都可以由於天然力，或是人爲力所造成；而當時中國受到了人爲的壓迫，如果不再覺醒，就有亡國滅種之憂。

第三講：是民國十三年二月十日。討論三個重點：首先檢討中國如何失去了民族意識，而以保護滿淸的政權而犧牲了民族；其原因則是漢人被滿人所征服；但是， 國父以爲這理由不充分，因爲像猶太不亦亡國了，但是仍然有民族意識。

繼則提出了中華民族西來說，以爲中華民族源自西邊，而漸向東遷移發展的。

最後以民族歷史文化爲基礎，預言中華民族不可能被外族滅亡，如果中華民族滅亡了，那就一定是自作孽。

第四講：民國十三年二月十七日。進入探討世界性問題之中。提示世界人口十四萬萬人，而中國人佔了四分之一。但在國勢上，白種人最強；而有色人種被欺侮，因此，中國人的天職是：

聯合起來爲世界人類打抱不平。

繼而突破民族主義到世界主義的構想，認爲列強的想法是要征服世界，而以白種人爲中心。而事實上，世界主義的理想，是應該透過民族主義以後，才能抵達的。

第五講：民國十三年二月廿四日。主題是：用什麼方法來恢復民族主義。首先綜合前四講，說明中國所受的禍害，列強對中國政治上、經濟上的壓迫，以及我們自己本身的人口減少的壓迫。其目的是要喚醒中國四萬萬同胞，皆認識我們現在所處的地位，其中並提出了知難行易學說的理論構想。

再則就是提倡聯合各家各族，強化國族的意識，以發展民族魂。

爲了實現中華民族的團結，提出了方法：在消極上，不與外國人合作，不幫助他們的政治侵略，以及經濟侵略。積極上則是振奮民族精神，並在這精神下開導民權以及民生的改善。

第六講：民國十三年三月二日。主題是用什麼方法來恢復民族的地位。首先提出中國的現況，以爲中國目前的處境，比殖民地，比半殖民地更慘，而是次殖民地。國父在這裡提出了中國強盛之道，以爲先用武力統一中國，驅逐滿清；然後是建設文化。而在文化建設中，先發揮中國的固有道德，亦即是忠孝仁愛信義和平。然後是在新文化衝擊中，如何自處，如何綜合新與舊。

而在恢復固有道德的方案中，以爲知識和能力是二大力量來源，尤其在科學方面，要迎頭趕上西方。

綜觀民族主義六講的內容，是指出現狀以及提出化解之道。指出現狀方面，是着重於中國的危機；而在提出化解之道方面，則是利用中國固有的家族意識，來轉化成國族意識。

綜觀民族主義六講的精神，則是憂國憂民的憂患意識。而在這意識中還富有濟弱扶傾，不怕強權的心志；而且，從私到公的開放心胸，亦在字裡行間可體悟出來。

二、民國八年文言本的民族主義精義：

民國八年是中國文化轉捩的一年，其間不但有五四運動，而且有三民主義文言本的問世，如果把五四運動的精神之一——打倒孔家店，作爲民國八年的文化大事的話；則文言本的三民主義就是承傳中華道統的代表。這可在先總統　蔣公的記述中，找出證據：

「我記得民國十年，　總理在桂林，共產黨第三國際有個代表馬林（瑞典人）曾經問過他：『先生的革命思想基礎是什麼？』總理答覆他說：『中國有一個道統，堯、舜、禹、湯、文、武、周公、孔子相繼不絕，我的思想基礎，就是這個道統，我的革命就是繼承這個正統思想，來發揚光大。』」❶

民國十年，　國父所提的三民主義應是民國八年的文言本，而不會是民國十三年的講義。

❶ 先總統　蔣公：「三民主義之體系及其實行程序」，蔣總統集第一冊，第一一四〇頁。

文言本中所主張的，最重要的就是「五族共和」。而為了實踐「五族共和」，是需要民族主義的精神的；而這精神的擁有則是有理由的：首先因為滿洲的少數民族，在統治多數民族，這是違反正義的，因而人數最多的漢族，有責任要起來，推翻滿清，建立五族共和的政體。

再則，中華民族是世界最古、世界最大、最文明、最有同化力的民族。但是事實上，中國是有這麼優秀的民族，但却沒有「民族主義」。

民族主義是要民族的「正義」精神，這精神可以在血統上、宗教上、歷史上、風俗上、語言文字上等等因素來加強；但是，最重要亦是最高的因素，却是以「意志」為歸，亦即今天說的「認同」和「共識」。

文言本的精神，表現在下面一段文字中：

「夫漢族光復，滿清傾覆，不過祇達到民族主義之一消極目的而已。從此當努力猛進，以達民族主義之積極目的也。積極目的為何？卽漢族當犧牲其血統、歷史與夫自尊自大之名稱，而與滿、蒙、回、藏之人民相見以誠，合為一爐而冶之，以成一中華民族之新主義。」❷

這是突破狹窄的「種族」(漢族) 意識，走向「國族」意識的寫照。

研究到這裡，我們所獲得的成果是：從家庭的家族到種族，再到國族的通路。說得清楚一點是：漢民族主義到五族共和；卽是突破家族主義到漢民族主義，再突破漢民族主義到中華民族主

❷ 國父孫中山先生：三民主義文言本，國父全集第二册，第一五六頁。

義。

貳、中國文化史的看法

中國文化史的發展，首先是在「求生存」的尺度下，所開創出來有關先民的描寫，像伏羲、神農、燧人、有巢等氏，對農業社會開展的情形。這情形不但指出了中華民族文化「以農立國」的特性，更在其人際關係中，奠定了服務的人生觀；亦即是說，早就在「求生存」之上，開創了「求仁」的道德規範，而且提出了「無求生以害仁，有殺身以成仁」的原則。

隨着服務的人生觀來的，就是禮讓文化的開展：堯讓舜，舜讓禹的初期政治，發揮了唯才與德是用的原理；於是，後來孔子在禮記禮運篇中，把它濃縮成「選賢與能」的爲政條件。

中國文化從開創到周朝，都順着天理和人情在發展，而且亦都風調雨順、國泰民安。

但是，周朝的沒落，却引起來春秋時代，其時的情形孟子有清楚的記述：「世衰道微，邪說暴行有作：臣弒其君者有之，子弒其父者有之。」亂世的開始，也就是「天道」和「人道」的沒落。

孟子接着說的「孔子懼，作春秋」。也就是指出了，在亂世中，聰明才智之士一部份出來追求功名利祿，利用大吃小，強欺弱的方式，搞亂了傳統安和樂利的社會，變成兵荒馬亂，民不聊生的亂世；但是，另外亦有聰明才智之士，出來指點迷津，提出化解之道。

春秋戰國最是亂世的時候，哲學派系突出來拯救世界的學說亦最深最多。如果把中國哲學的特性突現在道德哲學部份，則道家和儒家就在這方面做到了最完善的分工合作：道家關懷着一個人生存在天和地之間，如何安身立命的問題；提出了清靜無爲、淸心寡慾的作法。道家始祖老子，總以爲亂世的造成，實乃由於人心的貪圖功名利祿；以爲這種人慾應當以心靈的無爲來消弭。至於儒家，則實際地注意到一個人生活在人與人之間，如何做人的問題；儒家創始人孔子，提出了「正名」的指導原則；他以爲社會的混亂，是因爲人們不安份守己，無法做到父父子子、君君臣臣的名份；於是化解之道也就成爲社會中具體措施。

儒家在這裡，提出了指導原則，那就是禮記禮運篇的大同世界；同時亦提出了達到此目標的實踐方案，那就是禮記大學篇的：修身、齊家、治國、平天下的漸進次序。

雖然，在先秦諸子百家的理論體系中，並沒有挽回春秋戰國的紛亂局面。而一直違反天理、違反人道的爭戰，不停地延續下去；到了後來，秦始皇以強權併吞了六國，而統一了天下。但是，秦朝由於違反了「民本」的傳統，終於短期內被滅亡了。後起的漢朝，罷黜百家，獨尊儒術，奠定了今後的施政原則：指導原則的「天下爲公，世界大同」的太平世；以及實踐方案的修身、齊家、治國、平天下的漸進次序。

從儒家的政治哲學看來，最終目標是太平世，是世界主義，是突破民族界、突破國家界、更突破家族界，尤其是突破個人的。但是，這突破並非揚棄，而是恰好相反，是漸進次序的，是一層建構在另一層之上的。亦卽是說：從最根本的個人修身做起，「自天子以至於庶人，壹是皆以修身爲本」，個人的修身，在獨善其身來說是變成君子；在兼善天下來說，則是變成聖人。從修身到齊家之路是：「身修而后家齊」。唯有有德行的人成家，家才會齊。同樣，「家齊而后國治」，在一國之內，家庭都幸福美滿了，才算是國家的大治；再進一步，「國治而后天下平」，全世界的國家都大治了，才會導致天下太平的。因此，儒家的世界主義絕不是那不要國家，不要民族，不要家庭，不要個人的政權所誤解的，而是需要一層層的紮根工作。

漢以後的這種紮根工作，做得很不理想，原因就是從秦始皇開始，追求長生不老藥，把不朽概念安置在團體上面，而淡忘了原先的立德、立功、立言三不朽；後來又有漢武帝等人跟進，遂把修身拋棄，轉而迷信煉丹、畫符、算命、看風水；以爲人的命運是操在「命」之中，而不是在自己手裡，更不在修身的基本功夫上。

佛教之所以能在中國生根，絕不是因爲它對「家」的提案有什麼過人之處，而是正好相反，佛教的「出家」概念，恰好與儒家傳統有相互牴觸之處。可是，儒家諸子却非常虔誠地介紹了佛法，這原因也就是：漢之後，中國文化的根——修身遭受到忽視，而佛教在「修身」的方面有非常獨到的見解；那就是，把時間分成三段：前生前世，今生今世，來生來世，而用宗教的「輪迴報應」把這三度時間連鎖起來：以爲個人的命運並非外來的，不是外因，而却是自己在三度時間內的行爲的報應。今生今世的命，是由前生前世的因所塑造；同樣，如果今生今世作惡或行善，那就在來生來世就有善惡的報應。

這種輪迴報應的學說，不但破解了算命、看風水等迷信，而且更重要的，是給予道德實踐的動機。勸人爲善原是道德哲學落實之處。

佛教的普渡衆生，不但突破了個人、家庭，而且更突破了國家界和民族界，走向世界主義之中。

佛教雖給中國一段時期的風調雨順、國泰民安的日子，可是，隨着來的五代，又是一個亂世；一分一合的政治局面，導致宋明思想濃厚的民族主義意識。

可惜的是，宋明在紮根的工作上，對修身、齊家的努力，都有特殊的貢獻，但是，宋明諸子對於治國之事，却無法把理論落實下來：宋之亡於元，明之亡於淸，都是士大夫干預着朝政，在大敵當前的情況下，仍然高唱重文輕武的原則。

反淸復明的組織，在海內外漸漸消失，其理由亦在於無法把理論落實。

滿淸入主中原之後，起初的確開創了不少太平盛世的日子，可是，由於政治的根本，是固守在種族主義之中，因而，對中國其它民族利誘談得上，眞正要突破民族界的心意，却未必。及至滿淸末年，中國的外患不斷，而內政亦無法振興，於是導引了許多改革方案，而最後，由 國父孫中山先生的革命，開創了亞洲第一個民主共和國，結束了幾千年來的帝制。

民國的政治理想，是承傳着中華道統的，他方面又學習西洋精華的。在指導原則的定立來說，孔子的「天下為公」，在　國父心目中，與耶穌的「爾旨得成，在地若天」是有相同的意義的，因而，在其生物進化的原理中，以為這二者俱是進化的終極目標。

而抵達這些目標的方法，在傳統的書本上是「據亂世、昇平世、太平世」，而用當代的政治概念，則是「軍政、訓政、憲政」。但是，在另一方面，仍然是服膺禮記大學篇的修身、齊家、治國、平天下的。尤其是從治國到平天下的道途，特別突出，原是補救西洋的國家無法突破民族界、國家界的流弊。那就是「以建民國，以進大同」的漸進次序。國歌中所理解的「三民主義」，最先就是用「以建民國，以進大同」，作為首要目的的。

叁、從民族主義到世界大同❸

從前面對民族主義的描寫，所濃縮出來的是：突破家族意識，走向民族意識；而在民族意識中，是從漢民族走向五族共和，亦卽是從漢族走向中華民族。因此，民族主義的目標，是要全中

❸ 有關從民族主義到世界大同的理路，有陳曉林先生的「民族主義與自由主義在現代學理上的衝突與調和」一文，剖析得非常詳盡，見中華民國中山學術會議三民主義學術研討會論文抽印本，民國七十年九月廿七—卅日。

國人對中華民族（國內各民族一律平等）有認同和共識。

在國父孫中山先生的思想中，一方面繼承了禮記大學篇的修身、齊家、治國、平天下；但是，在民族主義到世界主義中途，仍然設置了「大亞洲主義」，這是聯合所有黃種人，使其能自立自強，免受西洋白種人的侵略。大亞洲主義的設計，是國父在日本的演講，是從中華民族主義走向世界大同的中站。

當然，在歷史的演變中，中國早在秦朝，就擁有征服世界的能力，可不是嗎？萬里長城築成後，匈奴人就打不進中原，但是，匈奴却能翻越阿爾卑士山，把羅馬打下來，甚至打到非洲。中國人不是沒有能力征服世界，而是講王道，論德治；雖有不少藩屬，但却從來沒有殖民地；雖有家僕，但却從沒有奴隸制度。

在當代，先總統　蔣公對日本的厚道，以及後來，臺、澎、金、馬的建設成果，不也派遣了農耕隊、農技團，到比較落後的地區，幫助當地人進入高度的農業社會中？這才是從民族主義，配以濟弱扶傾的精神，走向世界大同的預備工作。

在另一方面，中國當代最大的難題，也就是缺乏了民族意識，而在崇洋媚外的心態下，拋棄了儒家傳統文化；不但淡忘了歷史發展的終極目標：天下爲公、世界大同的太平世，而且亦不太關心修身、齊家、治國、平天下的漸進方案。

更不幸的，就是拋棄了仁政、德治、王道的傳統，不再強調愛民、服務等精神，或是選賢與能的領袖尺度，而沈迷於西洋末流思想的共產思想中；以人際關係的競爭和鬥爭，來取代傳統的仁愛和互助；說得更清楚一點是：中國因爲受到列強的壓迫和侵略，直覺地想出了以牙還牙的方法，那就是以堅船利礮來對付堅船利礮。　國父在「大亞洲主義」中，特別指點了這種迷津，指出西洋文化是霸道文化，以強權爲主，以武力爲主的文化，而且是違反天理，違反人道的文化；而東方的文化則是以德化人的王道文化，以及德治主義。從這兩種文化的類型，以及對二種文化的優劣比較，則主張以德化人的王道文化，而排斥以力服人的霸道文化。這樣，在從民族主義走向世界大同的道途中，對偏狹的種族主義（像納粹、法西斯等的唯我獨尊的想法，以及白種人對有色人種的歧視），都會有所警惕，以及加以避免，而對各民族一律平等的大同世界，却有直接的幫助。

當然，在中國文化發展途中，這種民族主義與世界大同二者間的先後次序，以及如何相輔相成的契機，也曾經遭受到曲解，甚至多少走入歧途。就如在儒家思想體系中，開創時代的孔子，並沒有利用民族意識，更沒有用國家主義來阻礙大同世界的來臨，而是相反，其學說處處以「人性」爲基礎，發展了道德哲學；而這道德哲學是超家庭、超民族、超國家，而放之四海皆準的人本精神。可是，後來的朝代，尤其是到了宋明諸子，幾乎淡忘了大同世界的設計，（也就因此，可以看出朱熹在編四書時，不把禮記禮運篇收入），而把文化的建設，局限到民族，甚至更不幸地，局限到派系之中。

，其實，先秦諸子精神的偉大處，也就在於包容並蓄，尤其自漢之後，儒、道二大家，還接受並發揚了佛教，接受了外來文化的精華部份。

本來，世界文化的變遷和發展，粗略地可以分成三大階段，第一個階段是各種文化自身的開創和發展，像埃及、中國、印度、希臘、希伯來等等。第二個階段是：東方二支文化的融通，即是中國文化接受了印度傳來的佛學；西方亦有二支文化交流，即是希伯來文化融通了希臘和羅馬的文化，而形成基督教文化。第三個階段應當是更進一步，那就是世界文化的交融，亦即是中西文化的滙通：在這滙通中，是中國文化去滙通西洋文化呢？或是西洋文化來滙通中國文化呢？

我以爲三民主義文化的設計，也就是這第三期文化的藍圖。因爲在當今世界許多文化理論中，唯有三民主義文化比較客觀，而涵蓋了中華道統、西洋精華，而且，其民族主義的設計，是站在世界大同的總目標之前所做的，絕不是西方人士以白種人文化爲主的設計。在三民主義的民族主義中，沒有偏狹的種族意識，祇有濟弱扶傾的精神，絕沒有強欺弱、大吃小的意圖，而其世界大同的理想，則包含了孔子的天下爲公，以及耶穌的地上天國，正是中西文化的合璧。

結論

中國文化的現狀，根本上是在混亂中，不但沒有走向世界大同的跡象，反而丟棄了民族精神，同時更迷失了民族意識。

共產主義的作亂，分裂了中國的土地、政治、摧殘着民族文化，而把西洋文化末流的共產主義、馬列思想，用來取代中華民族的精神，共產主義急於建構無產階級專政，其特選階級的心態，並不亞於納粹或法西斯，唯我獨尊的偏見，完全拋棄了民族文化，企圖消滅民族意識。這種世界主義的夢想是沒有根的，同時亦不可能實現的。

在另一方面，復興基地的臺、澎、金、馬，有時亦昧於文化高層次的體認，而爲了生活享受，在實際上亦有墮入經濟決定論的危機，其崇洋媚外之風，雖沒有共產主義完全一面倒的流弊，但亦暗藏危機，而在對民族文化的認同和共識中做得不夠。

從上面兩種現象看來，復興民族文化都是當務之急：從民族文化的復興，到消滅共產主義，光復大陸，在三民主義思想下統一中國，再到復興民族，亦即中華民族的復興，最後達到世界大同；以完成世界文化發展的第三階段。

從儒家哲學思想看
三民主義統一中國的必然性

本文設法瞭解三個問題：

一、儒家思想才可統一中國。

二、三民主義承傳並發揚了儒家思想。

三、三民主義必統一中國。

中國的現狀是分裂，在分裂的狀況之下，許許多多的家庭被拆散了，許許多多的人流落在他鄉，親戚朋友無法見面，同胞骨肉不能團聚。中國必須統一，這是大陸十億同胞，臺省一千七百萬國民，海外四千萬華僑的共同心聲。中國唯有在統一的情況下，才能富強，才能發展；中國人也唯有在統一的國家和政府領導下，才能安居樂業。

可是，問題就在於：怎麼統一？用什麼原則來統一？共產政權前些日子喊出了通郵、通航、通商的口號，企圖以共產主義的理論來統一中國，以馬列主義的教條來統一中國；近來，國民政府在反共基地上，也提出了「以三民主義統一中國」的藍圖和設計，究竟共產主義統一中國，或者三民主義統一中國？且讓我們好好地加以研究、判斷、結論。

首先，我們必須認定：中國是中國人的；中國人從古老的祖先開始，就已創造了中華文化，這文化一脈相傳，雖然經過許多挫折，但是，終究都能衝破橫逆，消解外來入侵的文化，而發展成悠久的、優秀的民族文化。因而，這民族文化的保存和發揚，必然是統一中國的最重要基礎；捨棄了民族文化來談中國問題，那就是滅亡中國，絕談不上統一中國。

其次，統一中國的理想，必須落實到具體的中國人身上，中國的統一不是為了某些人的理想，或是某政黨的利益，而是必須為了全中國人的利益、全中國人的幸福着想，才有足夠的動機，去推動統一中國的行動。

再次，我們還要認同：中國的問題，同時亦是中國人的問題，而中國人的問題，也就是從最基本的「求生存」的生活條件開始，一直發展到民生樂利的生活，發展到地上天國的生活為止。也就是說，那一種主義，那一種學說，那一個政黨，能夠確保這種條件，才是眞正有資格領導中國走向統一的主義、學說、政黨。

有了以上三個條件作基準，我們原就不難看出，唯有三民主義才能統一中國，共產主義是絕對無法統一中國的。爲了說明以上三條件的正確性以及合理性，我們分由三個面向來討論。

壹、儒家哲學思想符合以上三條件

儒家哲學所關心的，是人與人之間的人際關係，用「仁者愛人」以及「己欲立而立人，己欲達而達人」的原則，作爲與人交往的道德規範。而在這種與人仁愛，甚至仁民愛物的設計中，首先關心「治道」，關心管理衆人之事，使國家社會能够風調雨順，國泰民安。

原始儒家經典記載中的伏羲、神農、燧人、有巢等民族英雄，其意義絕不停留在：是否爲歷史事實，是否爲神話，是否爲史前史，或是半信史？而是在於表現出這些名字背後所代表的意義——卽是：原始時代，那些自覺到聰明才智高人一等的先知先覺之士，體會到人類求生存所遭遇的困難，而毅然貢獻出自己的聰明才智，替人類設計出謀生之道，而創造了農業文明，可以說是在人與天爭的情況中，造成了人定勝天的事實。史籍記載的這些名字，正是代表着古聖先王的憂患意識，以及犧牲服務的熱忱，尤其是在命運的體認中，發揮了自身的使命感。先民早期的食、衣、住、行的民生問題，莫不是由於先知先覺之士的自覺所代爲解決的。

憂患意識與服務的人生觀的再度落實，就是堯、舜、禹的禪讓時代，這時代說明了民族領袖的條件，以及傳承治道的條件，後來被濃縮到禮記禮運篇中，成爲「選賢與能」的精義。儒家心目中的領袖是「賢」——心靈豐饒，富有仁民愛物之心；以及「能」——頭腦聰明，處事能力強的人。三皇五帝以及堯、舜、禹都是當時的模範典型。

及至春秋時代的到來，一些聰明才智之士太着重「能」的因素，而忽視了「賢」的德行，因而興起了互相爭奪，互相併呑的現象，而且更在人際關係中，造成了「世衰道微，邪說暴行有作；臣弒其君者有之，子弒其父者有之」(孟子滕文公下)的境況。由於這種橫逆，催生了另一些聰明才智高，而且具有良知之士的挺身而出，指點迷津；這也就是先秦諸子的出現。其中以儒家的入世精神，以及德治和王道，最能符合傳統精神，最能承傳中華民族開創歷史的原義。其中：

一、民爲邦本，本固邦寧。

二、正德、利用、厚生。

三、消極的：己所不欲，勿施於人。

四、積極的：己欲立而立人，己欲達而達人。

最能表達人際關係以及治道的原理原則。這原則落實下來，就是大學中漸進的修身、齊家、治國、平天下的德治和王道的思想體系。

儒家思想的發展，無論是從論語經中庸到孟子的「聖人」概念，又無論是從孔子經孟子到荀子的「人性」考察，在在都關心着爲政者自身的「內聖」工夫，以及對羣體大衆關懷的「外王」之道。誠於中的修身，是個人完美自身的唯一道途，也是爲政者的首要之務；形於外的齊家、治國，乃至於平天下，則是人際關係漸進原則的實踐；這實踐保證着爲政者仁民愛物的眞與誠。

儒家今後在歷史上的發展，無論興衰，無論學說本身的自我反省與改造，或是融通外來文化以壯大自身，都不外乎這種內聖外王之道，而且都在仁民愛物的實踐中，完成自身，以及「皆以修身爲本」作基礎。

當德治的體系落入到法治，以及道家淪落到道敎之後，「修身」的重心迷失在畫符、煉丹、算命、看風水的宿命論中時，印度傳入的佛敎利用輪迴報應的敎義，又重新掀起對「修身」的禮遇，開創了隋唐的中國心性。因爲佛學的因素加入，中國文化原有的儒、道精神，如今又消解了佛學的前生前世，以及來生來世的思想，遂又創生了宋明理學對心性的研究，而以儒家爲主體文化，接受、消融、吸取各種文化的精華，而塑造了中華民族的文化體系以及哲學思想體系。

綜觀上述歷史發展的濃縮，我們可以作出幾點結論，指出儒家哲學思想的特性：

一、憂患意識：關心民生問題，懷有犧牲服務的人生觀。

二、爲政者仁民愛物，而首先在德行上充實自己，作爲以德化人的政治之道。

三、政治採取修、齊、治、平的漸進原則，先內聖，後外王。

四、政治社會的最終目的爲突破個人、突破家族、突破國家，而進入到愛全人類、愛全世界的偉大理想中。

五、開放心胸：對外來文化佛敎的開放，先是容忍其出家的思想，以補自身對修身的迷失，後則引導其自出家走向入世。

由於以上儒家的五種特性，我們可以斷定，其哲學思想的確符合「中國是中國人的」，符合「全中國人的利益」，符合保障「民生樂利」的三大條件，而以之來統一中國，才是順天應人的。

現在，我們轉而探討本文的第二部份，說明三民主義正是儒家思想的延續，因而也能結論出：三民主義統一中國是必然的。

貳、三民主義承傳並發揚儒家思想

關於三民主義思想與中國傳統儒家哲學思想的銜接，在形式上，我們有民國十年 國父在桂林回答第三國際馬林的話：「中國有一個道統，堯、舜、禹、湯、文、武、周公、孔子相繼不絕，我的思想基礎，就是這個道統，我的革命就是繼承這個正統思想，來發揚光大。」（三民主義之體系及其實行程序，蔣總統集第一一四〇頁）在內容上，我們不妨分門別類地來加以對照：

一、憂患意識：關心民生問題，懷有犧牲服務的人生觀。 國父孫中山先生本來習醫，原可以安逸地度其生活，但眼見中國命運悲慘，中國同胞貧困，因而到處奔走，不辭辛勞，領導革命；在行動上如此，在理論的發揮上，亦復如是。

1 早在民國紀元前七年，在日本成立同盟會並創辦民報發刊詞中，就指出：「余維歐美之進化，凡以三大主義，曰民族，曰民權，曰民生……經濟問題繼政治問題之後，則民生主義躍躍然動，廿世紀不得不爲民生主義之闡揚時代也。是三大主義皆基於民。」

2 民國紀元前六年，東京舉行「民報」週年紀念會中， 國父以「三民主義與中國民族之前途」爲題發表演說，稱：「我們革命的目的，是爲衆人謀幸福。因不願爲少數滿人專制，故要民族革命，不要君主一人專制，故要政治革命。不要少數富人專利，故要社會革命。」

3 自民國元年之後，一直到民國五年，其間七次演講，都在闡明民生主義的精義；其中尤其是民國五年七月十五日在上海粵籍議員歡迎會上講「中華民國之意義」一題時，指出：「謀國必有四大主旨：一爲國民謀吃飯，二爲國民謀穿衣，三爲國民謀居室，四爲國民謀走路。」

4 民國十二年一月廿九日所著「中國革命史」，其中亦有有關民生主義者，意謂其平均地權、節制資本，爲未雨綢繆，塞經濟革命之源。

5 同年十二月二日，在廣州歡宴湘豫滇桂粵各軍將領，以「打破舊思想要用三民主義」爲題，指出「預防社會革命，以達到生活上幸福平等的道理，便是民生主義。」

6 民國十三年一月廿七日，在廣東高等師範學校作三民主義的系統講述時，在民生主義部份，特別指出：「民生就是人民的生活，社會的生存，國民的生計，羣衆的生命。」

二、爲政者仁民愛物，而首先在德行上充實自己，作爲以德化人的政治之道。國父和　先總統在進德修業上，都能知行合一，在勸人爲善的立場上，隨處可見到其學說；玆舉下列數端爲證：

1 大亞洲主義宣示，西洋文化屬霸道，而中國文化屬王道。王道文化也就是要講倫理道德，以爲：

「要維持民族和國家的長久地位，還是道德問題；有了很好的道德，國家才能長治久安。」

而中國的固有道德，就是：

「首是忠孝，次是仁愛，其次是信義，其次是和平。這些舊道德，中國人至今還是常講的……這種特別的好道德，便是我們民族的精神，不但要保存，並且要發揚光大，然後我們民族地位才可以恢復。」（民族主義第六講）

2 在國民要以人格救國的演講中，說：

「我們要造成一個好國家，便先要人人有好人格。」

3 在學生應主張社會道德演講中，也提到：

「從前學界中所知者，生存競爭，優勝劣敗而已。然而此種學說，在歐洲三十年前，頗爲盛行，今日則不宜主張此說，應主張社會道德，以有餘補不足。」

4 在民族主義第六講中，特別感嘆了中國人對修身的欠缺，而且以爲：

「現在各國的政治都進步了，祇有中國是退步，何以中國要退步呢？就是因爲受外國政治的壓迫，推究根本原因，還是由於中國人不修身；不知道中國從前講修身，推到正心、誠意、格物、致知，這是很精密的知識和一貫的道理，都是中國所固有的。我們現在要能够齊家治國，不受外國壓迫，根本上便要從修身做起。」

5 在世界道德之新潮流演講中， 國父說：

「古時極有聰明能幹的人，多是用他的聰明能力，去欺負無聰明能力的人，所以由此便造成專制和各種不平等的階級。這種新道德，就是有聰明能力的人，應該要替衆人來服務。這種替衆人來服務的新道德，就是世界上道德的新潮流。」

6 在黨員須宣傳主義的演講中，指出：

「野蠻時代之官僚，往往因圖一人私利，動輒以武力壓制幾千萬人，使爲一人之奴隸。革命黨之三民主義，則大不然，自己爭自己權利，且爭衆人權利，人人歡迎，人人同心，故革命黨之力量，比較軍隊之力量還大。此種力量，全由道德與眞理所合成。」

7 先總統 蔣公在時代考驗青年、青年創造時代的演講中，說明：

「民族主義倫理的重心上，我們是以民族固有的忠、孝、仁、愛、信、義、和、平底八德爲基礎的……現在我們爲着要恢復大陸，復興民族，就不能不先召回我們的民族靈魂，我們要驅除俄寇，肅清共匪，就應該更堅持更發揚我們固有的道德，使他能使我們的民族覺醒！」

8 在三民主義之體系及其實行程序中，先總統說：

「中國倫理哲學的精要在於五達道——這就是五倫；實在是闡明人生個人對於其他份子的正當關係，而課以積極責任的教條，也可以說是規定羣己關係的標準。……古時的五倫和現時的倫理觀念，在形式上雖有不同，其精神是一致的。」

三、政治採取修、齊、治、平的漸進原則，先內聖，後外王。關於這點，無論 國父孫中山先生，或是先總統 蔣公，都有明確的訓示；如民國十二年在廣州全國青年聯合會演講「國民以人格救國」，又如民國十三年在嶺南大學黃花崗紀念會演講「世界道德之新潮流」，同年在神戶演講的「大亞洲主義」等，都在說明這種內聖外王之道。其中更淸楚，更有系統的，便是先總統 蔣公在「育樂兩篇補述」中，所提倡的道德教育所連繫的太平世理想，以及新生活運動的提倡，對修身問題的基礎努力。

四、政治社會的最終目的爲突破個人、突破家庭、突破國家，而進入到愛全人類、愛全世界的偉大理想中。關於這點，原就是當代世界政治理論與實踐中，三民主義最値得自豪的地方；首

先我們看民國八年　國父孫中山先生所著文言本「三民主義」中的民族主義：

「夫漢族光復，滿淸傾覆，不過祇達到民族主義之一消極目的而已，從此當努力猛進，以達民族主義之積極目的也。積極目的爲何？卽漢族當犧牲其血統、歷史與夫自尊自大之名稱，而與滿、蒙、回、藏之人民相見以誠，合爲一爐而治之，以成一中華民族之新主義。」（國父全集，第二册第一五六頁）

還有，像「孫文學說」第四章所描繪的，把人類社會發展的終極目的，看成孔子的「大道之行也，天下爲公」，以及耶穌所說的「爾旨得成，在地若天」。都是突破民族、國家界限，而進入世界主義之中。

再就先總統　蔣公在「育樂兩篇補述」中，把社會設計的所有努力，都指向「太平世」的寄望，亦就完全符合中國傳統的儒家精神，以及　國父的學說。

目前，在臺省實行三民主義的努力上，最能突破西方資本主義桎梏的，還是農耕隊與農技團，把臺省同胞努力獲得的農業成果，毫不保留地敎導落後地區，這也正是三民主義實踐的具體表現。

五、開放心胸：對外來文化的開放。三民主義的創始人　國父孫中山先生，以及三民主義的最重要繼承人先總統　蔣公，都是虔誠的基督徒，都接受、消融、吸取西洋的宗敎信仰。又三民主義的各項政治的、經濟的、社會的、哲學的思想和實踐，都與西方文化結了不解之緣。甚至，無論 國父，或是 先總統，都認為三民主義是中、西文化的合璧：

「兄弟所主張的三民主義，實在是集合古今中外底學說，順應世界的潮流，在政治中所得的一個結晶品。」（三民主義具體辦法）

「總理的主義，是淵源於中國固有的政治與倫理哲學正統思想，而同時參酌中國現代的國情，擷取歐美社會科學和政治制度的精神，再加以總理他自己獨自見到的眞理所融鑄的思想體系。」（三民主義之體系及其實行程序）

由以上五個重點的論述，我們敢於認定：無論是儒家哲學，或是三民主義思想，都能够符合統一中國的條件；下面我們就再進一步，指證三民主義必統一中國。

叁、三民主義統一中國的必然性

中國道統中的「民為邦本，本固邦寧」，以及「正德、利用、厚生」等思想及實踐，都成為中國治道的根本；而在修身、齊家、治國、平天下的漸進原則中，能够從據亂世到昇平世，終於落實到太平世的理想中；禮記禮運篇的描述，是人類未來的唯一歸宿。就連西洋當代歷史學家湯恩比，在他的「歷史研究」中，也舉出了，人類未來的發展祇有兩種可能性：一種是人類互相殘殺，乃至於毀滅；另一種則是，全人類共同生活，像一家人一樣。當然，我們並不期望人類互相殘殺而毀滅，而是致力於世界大同，四海之內皆兄弟的構想。湯恩比的遠見，也與中國儒家思想不謀而合。三民主義之將成爲未來世界的學說，單看其這種超乎民族、超乎國界的開放心胸，就足以成爲定案。

但是，「國治而后天下平」。平天下是最終目標，而治國則是其必需條件。

現在，中國不治，沒有統一，呈分裂狀態；在學說上有共產政權的通郵、通航、通商的統戰，有三民主義統一中國的設計。那一種學說能負起統一中國，然後又能進世界以大同？

在本文一開始時，筆者就提出了三個基本條件：中國是中國人的，中國是全中國人的，全中國生存問題優先。很淸楚的，這三個問題唯有三民主義在理論上和實踐上符合，而共產主義不但不符合，反而背道而馳。因此我們結論出三民主義才能統一中國。我們就先看共產主義在這三個基本條件上的情形：

一、中國是中國人的：這是個非常明顯的條件，誰都無法提出異議的。也許有人立刻會反應說：中國共產黨也是中國人呀！共產主義又如何不可以統一中國呢？問題的重心就在這裡，這不是純血統的問題，這是民族文化的課題，我們一定要用「華夷之辨」來處理。當然，在血緣上，所有中國共產黨都是中國人；但是，綜觀他們所思所言所行，有那一點是承傳道統的？有那一點算得上是中國人的？丟棄了祖先的牌位，供奉起馬恩列史來，不正是背離了民族，而要作馬列的子孫？把中國幾千年來的禮讓文化糟塌成鬥爭的生活，傳統的四維八德，宗教自由，都遭到殘酷的否定和迫害。

在中國共產黨統治下的中國，已經不是中國人的，而是西方文化末流中的馬列思想的。

二、中國是全中國人的：在共產政權極力製造矛盾、仇恨、鬥爭的努力下，大陸同胞並不是政治的主人翁；赤潮泛濫大陸早期，就有地主、惡霸的階級劃分，隨着有國特、反動派的出現，再後有走資派、黑五類、四人幫等罪名；一個人祇要被扣上了上列的任何罪名，那就不但自身永無翻身之日，就連子女、親戚朋友都會遭殃。當權派的作主，與被統治階級的劃分，在當代的大陸共產政權中，絕不亞於古代的奴隸制度，或者封建制度。「法律之下人人平等」的信念，在中共的政權中是不存在的。共產主義不但斷了民族文化的根，與列祖列宗銜接不起來，就是在當代中國人看來，亦不是顧及到全體中國人，而祇是以黨掛帥，迫害全體百姓的。

三、生存問題優先：老百姓早就是「民以食爲天」，中國文化開創時也在追求解決生存問題；三十年來，中共一直在努力鬥爭，徹底忽視了民生問題：老百姓的一窮二白，各處生產大寨的失敗，早爲世人所週知。老百姓的生活問題尚未解決，卻注意窮兵黷武的情事，周匪恩來的那句「中國人民可以不穿褲子，也要做原子彈」，十足暴露了共產暴政的作法；爲了武力，是不管老百姓死活的。

反過來，我們同樣用上面的三個基本條件，來看三民主義的理論和實踐，就與共產主義完全相反：

一、中國是中國人的：臺、澎、金、馬的國民政府，秉承三民主義的教誨，不但在縱的方面，承傳着從堯、舜、禹、湯、文、武、周公、孔子一脈相傳的道統，在華夷之辨中，站立在民族文化的基礎上，而且在橫的發展上聯合着海內外中國人，保存並復興中國文化，無論在理論上，或是在實踐上，都認同中國人；在民族文化的原則上，絕不退讓。

三民主義中的民族主義也就是在推動這種「中國是中國人的」原則；而這原則的理論和實踐，都在強調中華民族文化的主體性；當然，這主體性不是封閉的，而是開放的，向着世界各民族、各文化開放，以期達到「天下爲公，世界大同」的人類社會政治的目的。

二、中國是全中國人的：在臺省國民政府的實踐中，不但在憲法上明定人人平等，而且在教育上、法律上、生活上，着實實踐着人人平等的政策；在大的方面，對外爭取民族的獨立自由；在小的方面，對內實現五權憲法，實踐民權主義；在出發點的平等上，設法實行民主，而反對極權的統治。更在政府有能、人民有權的前提下，發展各種民主政治所必需的條件。近年來，臺省地區的各種選擧，已漸漸地引導百姓參與政治，並且關懷社會問題；在法治的實踐中，人民的權利和義務並重，和政府同心合力，領導社會走向富強康樂的境地。

民權主義的各項措施，其實也就是在實現「中國是全中國人的」的理想。

三、生存問題優先：國民政府秉承三民主義的立國精神，首先解決民生問題，爲人民謀吃飯、爲人民謀穿衣、爲人民謀居室、爲人民謀走路。而在這種爲百姓謀求食、衣、住、行的問題中，所表現的，絕不如周匪恩來的那一套「中國人民可以不穿褲子，也要做原子彈」的心態，而是如當今蔣總統經國先生在任行政院長時，對世界宣佈的「我們有能力做原子彈，但是我們不做！」的體認。一個政府的基本責任，是要「正德、利用、厚生」，先要解決民生問題，然後才談國力，才談在世界中炫耀的事情。臺、澎、金、馬在國民政府領導下，三十年來，全世界都承認其創造了經濟奇蹟，全世界都知道其平均地權、節制資本的方法和成效；就連大陸共產政權，也不得不承認在這方面的失敗，而要在經濟上向臺灣學習。

這也就是民生主義的課題。

在上面民族、民權、民生的根本課題上，我們簡略地比較了三民主義與共產主義的理論和實際，而發現三民主義才是順天應人的，因而肯定三民主義才能統一中國，而且亦肯定它必然統一中國；反過來，共產主義因爲違反天道，違反人情，因而結論出，共產主義必然滅亡。

當然，三民主義統一中國的課題，總是與民族文化銜接的，也就是說，與傳統的儒家思想銜接的；而在眞正地瞭解和把握儒家思想精義中，向着世界開放，「順應世界潮流」，從最基本的「皆以修身爲本」，經齊家到治國，卽是說到統一中國，發揚中國文化，用「國治而后天下平」的信念，爲世界爲人類做最終的服務。

我們今天的處境是國家遭受分裂，國難當頭的時候，因而最急迫的，就是統一中國的問題：大陸十億同胞現在都多少知道了國民政府在臺、澎、金、馬的成就，都在希望三民主義能早日在大陸實現；海外四千萬華僑也希望能回家團聚，以及看見祖國的強盛；臺省一千七百萬國民，也急切地希望早日統一中國，實行三民主義，使中國成為一個富強康樂的國家，然後好把自己的經驗號召天下，實現天下為公的最終理想。

中國不統一就是國不治，民族無法復興，中華文化無法發揚；沒有中國文化「四海之內皆兄弟也」的基礎，西洋的霸道文化是無法領導世界，走向天下為公的。

中國必須統一！

中國必須用三民主義來統一！

滄海叢刊已刊行書目(七)

書名	作者	類別
文學欣賞的靈魂	劉述先	西洋文學
西洋兒童文學史	葉詠琍	西洋文學
現代藝術哲學	孫旗譯	藝術
書法與心理	高尚仁	藝術
音樂人生	黃友棣	音樂
音樂與我	趙琴	音樂
音樂伴我遊	趙琴	音樂
爐邊閒話	李抱忱	音樂
琴臺碎語	黃友棣	音樂
音樂隨筆	趙琴	音樂
樂林蓽露	黃友棣	音樂
樂谷鳴泉	黃友棣	音樂
樂韻飄香	黃友棣	音樂
色彩基礎	何耀宗	美術
水彩技巧與創作	劉其偉	美術
繪畫隨筆	陳景容	美術
素描的技法	陳景容	美術
人體工學與安全	劉其偉	美術
立體造形基本設計	張長傑	美術
工藝材料	李鈞棫	美術
石膏工藝	李鈞棫	美術
裝飾工藝	張長傑	美術
都市計劃概論	王紀鯤	建築
建築設計方法	陳政雄	建築
建築基本畫	陳榮美 楊麗黛	建築
建築鋼屋架結構設計	王萬雄	建築
中國的建築藝術	張紹載	建築
室內環境設計	李琬琬	建築
現代工藝概論	張長傑	雕刻
藤竹工	張長傑	雕刻
戲劇藝術之發展及其原理	趙如琳	戲劇
戲劇編寫法	方寸	戲劇

滄海叢刊已刊行書目(六)

書名	作者	類別
人生小語(一)(二)	何秀煌	文學
印度文學歷代名著選(上)(下)	糜文開	文學
寒山子研究	陳慧劍	文學
孟學的現代意義	王支洪	文學
比較詩學	葉維廉	比較文學
結構主義與中國文學	周英雄	比較文學
主題學研究論文集	陳鵬翔主編	比較文學
中國小說比較研究	侯健	比較文學
現象學與文學批評	鄭樹森編	比較文學
記號詩學	古添洪	比較文學
中美文學因緣	鄭樹森編	比較文學
比較文學理論與實踐	張漢良	比較文學
韓非子析論	謝雲飛	中國文學
陶淵明評論	李辰冬	中國文學
中國文學論叢	錢穆	中國文學
文學新論	李辰冬	中國文學
分析文學	陳啓佑	中國文學
離騷九歌九章淺釋	繆天華	中國文學
苕華詞與人間詞話述評	王宗樂	中國文學
杜甫作品繫年	李辰冬	中國文學
元曲六大家	應裕康 王忠林	中國文學
詩經研讀指導	裴普賢	中國文學
迦陵談詩二集	葉嘉瑩	中國文學
莊子及其文學	黃錦鋐	中國文學
歐陽修詩本義研究	裴普賢	中國文學
清眞詞研究	王支洪	中國文學
宋儒風範	董金裕	中國文學
紅樓夢的文學價值	羅盤	中國文學
中國文學鑑賞舉隅	黃慶萱 許家鸞	中國文學
牛李黨爭與唐代文學	傅錫壬	中國文學
浮士德研究	李辰冬譯	西洋文學
蘇忍尼辛選集	劉安雲譯	西洋文學

滄海叢刊已刊行書目(五)

書名	作者	類別
燈下燈	蕭蕭	文學
陽關千唱	陳煌	文學
種籽	向陽	文學
泥土的香味	彭瑞金	文學
無緣廟	陳艷秋	文學
鄉事	林清玄	文學
余忠雄的春天	鍾鐵民	文學
卡薩爾斯之琴	葉石濤	文學
青囊夜燈	許振江	文學
我永遠年輕	唐文標	文學
思想起	陌上塵	文學
心酸記	李喬	文學
離訣	林蒼鬱	文學
孤獨園	林蒼鬱	文學
托塔少年	林文欽編	文學
北美情逅	卜貴美	文學
女兵自傳	謝冰瑩	文學
抗戰日記	謝冰瑩	文學
我在日本	謝冰瑩	文學
給青年朋友的信(上)(下)	謝冰瑩	文學
孤寂中的廻響	洛夫	文學
火天使	趙衛民	文學
無塵的鏡子	張默	文學
大漢心聲	張起鈞	文學
回首叫雲飛起	羊令野	文學
康莊有待	向陽	文學
情愛與文學	周伯乃	文學
湍流偶拾	繆天華	文學
文學邊緣	周玉山	文學
大陸文藝新探	周玉山	文學
累盧聲氣集	姜超嶽	文學
實用文纂	姜超嶽	文學
林下生涯	姜超嶽	文學
材與不材之間	王邦雄	文學

滄海叢刊已刊行書目(四)

書名	作者	類別
中國歷史精神	錢穆	史學
國史新論	錢穆	史學
與西方史家論中國史學	杜維運	史學
清代史學與史家	杜維運	史學
中國文字學	潘重規	語言
中國聲韻學	潘重規 陳紹棠	語言
文學與音律	謝雲飛	語言
還鄉夢的幻滅	賴景瑚	文學
葫蘆・再見	鄭明娳	文學
大地之歌	大地詩社	文學
青春	葉蟬貞	文學
比較文學的墾拓在臺灣	古添洪 陳慧樺	文學
從比較神話到文學	古添洪 陳慧樺	文學
解構批評論集	廖炳惠	文學
牧場的情思	張媛媛	文學
萍踪憶語	賴景瑚	文學
讀書與生活	琦君	文學
中西文學關係研究	王潤華	文學
文開隨筆	糜文開	文學
知識之劍	陳鼎環	文學
野草詞	韋瀚章	文學
現代散文欣賞	鄭明娳	文學
現代文學評論	亞菁	文學
當代臺灣作家論	何欣	文學
藍天白雲集	梁容若	文學
思齊集	鄭彥棻	文學
寫作是藝術	張秀亞	文學
孟武自選文集	薩孟武	文學
小說創作論	羅盤	文學
往日旋律	幼柏	文學
現實的探索	陳銘磻編	文學
金排附	鍾延豪	文學
放鷹	吳錦發	文學
黃巢殺人八百萬	宋澤萊	文學

滄海叢刊已刊行書目(三)

書名	作者	類別
我國社會的變遷與發展	朱岑樓主編	社會
開放的多元社會	楊國樞	社會
社會、文化和知識份子	葉啓政	社會
臺灣與美國社會問題	蔡文輝 蕭新煌 主編	社會
日本社會的結構	福武直 著 王世雄 譯	社會
財經文存	王作榮	經濟
財經時論	楊道淮	經濟
中國歷代政治得失	錢穆	政治
周禮的政治思想	周世輔 周文湘	政治
儒家政論衍義	薩孟武	政治
先秦政治思想史	梁啓超原著 賈馥茗標點	政治
憲法論集	林紀東	法律
憲法論叢	鄭彥棻	法律
師友風義	鄭彥棻	歷史
黃帝	錢穆	歷史
歷史與人物	吳相湘	歷史
歷史與文化論叢	錢穆	歷史
歷史圈外	朱桂	歷史
中國人的故事	夏雨人	歷史
老臺灣	陳冠學	歷史
古史地理論叢	錢穆	歷史
秦漢史	錢穆	歷史
我這半生	毛振翔	歷史
三生有幸	吳相湘	傳記
弘一大師傳	陳慧劍	傳記
蘇曼殊大師新傳	劉心皇	傳記
當代佛門人物	陳慧劍	傳記
孤兒心影錄	張國柱	傳記
精忠岳飛傳	李安	傳記
師友雜憶 八十憶雙親 合刊	錢穆	傳記
困勉強狷八十年	陶百川	傳記

滄海叢刊已刊行書目（二）

書名	作者	類別
老子的哲學	王邦雄	中國哲學
孔學漫談	余家菊	中國哲學
中庸誠的哲學	吳怡	中國哲學
哲學演講錄	吳怡	中國哲學
墨家的哲學方法	鍾友聯	中國哲學
韓非子的哲學	王邦雄	中國哲學
墨家哲學	蔡仁厚	中國哲學
知識、理性與生命	孫寶琛	中國哲學
逍遙的莊子	吳怡	中國哲學
中國哲學的生命和方法	吳怡	中國哲學
儒家與現代中國	韋政通	中國哲學
希臘哲學趣談	鄔昆如	西洋哲學
中世哲學趣談	鄔昆如	西洋哲學
近代哲學趣談	鄔昆如	西洋哲學
現代哲學趣談	鄔昆如	西洋哲學
思想的貧困	韋政通	思想
佛學研究	周中一	佛學
佛學論著	周中一	佛學
現代佛學原理	鄭金德	佛學
禪話	周中一	佛學
天人之際	李杏邨	佛學
公案禪語	吳怡	佛學
佛教思想新論	楊惠南	佛學
禪學講話	芝峯法師	佛學
圓滿生命的實現（布施波羅蜜）	陳柏達	佛學
絕對與圓融	霍韜晦	佛學
不疑不懼	王洪鈞	教育
文化與教育	錢穆	教育
教育叢談	上官業佑	教育
印度文化十八篇	糜文開	社會
中華文化十二講	錢穆	社會
清代科舉	劉兆璸	社會
世界局勢與中國文化	錢穆	社會
國家論	薩孟武譯	社會
紅樓夢與中國舊家庭	薩孟武	社會
社會學與中國研究	蔡文輝	社會

滄海叢刊已刊行書目(一)

書名	作者	類別
國父道德言論類輯	陳立夫	國父遺教
中國學術思想史論叢(一)(二)(三)(四)(五)(六)(七)(八)	錢穆	國學
現代中國學術論衡	錢穆	國學
兩漢經學今古文平議	錢穆	國學
朱子學提綱	錢穆	國學
先秦諸子論叢	唐端正	國學
先秦諸子論叢(續篇)	唐端正	國學
儒學傳統與文化創新	黃俊傑	國學
宋代理學三書隨劄	錢穆	國學
莊子纂箋	錢穆	國學
湖上閒思錄	錢穆	哲學
人生十論	錢穆	哲學
中國百位哲學家	黎建球	哲學
西洋百位哲學家	鄔昆如	哲學
比較哲學與文化(一)(二)	吳森	哲學
文化哲學講錄(一)(二)(三)(四)	鄔昆如	哲學
哲學淺論	張康	哲學
哲學十大問題	鄔昆如	哲學
哲學智慧的尋求	何秀煌	哲學
哲學的智慧與歷史的聰明	何秀煌	哲學
內心悅樂之源泉	吳經熊	哲學
哲學與宗教(一)(二)	傅偉勳	哲學
愛的哲學	蘇昌美	哲學
是與非	張身華譯	哲學
語言哲學	劉福增	哲學
邏輯與設基法	劉福增	哲學
知識·邏輯·科學哲學	林正弘	哲學
中國管理哲學	曾仕强	哲學